PRÁTICAS DE EDUCAÇÃO DE JOVENS E ADULTOS
complexidades, desafios e propostas

Coleção Estudos em EJA

Organização
Marisa Narcizo Sampaio
Rosilene Souza Almeida

PRÁTICAS DE EDUCAÇÃO DE JOVENS E ADULTOS
complexidades, desafios e propostas

autêntica

Copyright © 2009 As organizadoras

COORDENADOR DA COLEÇÃO ESTUDOS EM EJA
Leôncio Soares

PROJETO GRÁFICO DA CAPA
Diogo Droschi

EDITORAÇÃO ELETRÔNICA
Luiz Flávio Pedrosa

REVISÃO
Dila Bragança
Ana Carolina Lins

EDITORA RESPONSÁVEL
Rejane Dias

Revisado conforme o Novo Acordo Ortográfico.

Todos os direitos reservados pela Autêntica Editora.
Nenhuma parte desta publicação poderá ser reproduzida,
seja por meios mecânicos, eletrônicos, seja via cópia
xerográfica, sem a autorização prévia da Editora.

AUTÊNTICA EDITORA LTDA.
Rua Aimorés, 981, 8º andar . Funcionários
30140-071 . Belo Horizonte . MG
Tel: (55 31) 3222 68 19
Televendas: 0800 283 13 22
www.autenticaeditora.com.br

Dados Internacionais de Catalogação na Publicação (CIP)
(Câmara Brasileira do Livro, SP, Brasil)

Práticas de Educação de Jovens e Adultos: complexidades, desafios e propostas / Marisa Narcizo Sampaio, Rosilene Souza Almeida (organizadoras). – Belo Horizonte : Autêntica Editora, 2009. – (Coleção Estudos em EJA)

ISBN 978-85-7526-424-9

1. Alfabetização 2. Educação de Jovens e Adultos 3. Educação de Jovens e Adultos - Brasil 4. Pedagogia 5. Política educacional 6. Prática de ensino I. Sampaio, Marisa Narcizo. II. Almeida, Rosilene Souza. III. Série.

09-08111   CDD-374

Índices para catálogo sistemático:
1. Educação de Jovens e Adultos 374

Sumário

7 **Prefácio**
Timothy D. Ireland

13 **Uma apresentação para recuperar as histórias/experiências**
Marisa Narcizo Sampaio
Rosilene Souza Almeida

21 **Direito formal e realidade social da Educação de Jovens e Adultos**
Jane Paiva

65 **Alfabetização de pessoas jovens e adultas: outras miradas, novos focos de atenção**
Cláudia Lemos Vóvio

91 **Refletindo a realidade ambiental a partir da prática pedagógica: uma experiência do SESC LER no sertão paraibano**
Kézia Cortez

115 **Corporeidades e experiências: potencializando a Educação de Jovens e Adultos (EJA)**
Rosa Malena Carvalho

135 **Projeto político-pedagógico na Educação de Jovens e Adultos: identidade do trabalho nas escolas ou instrumento burocrático?**
Rosilene Souza Almeida

153 **Educação de Jovens e Adultos, organização social indígena e projetos de futuro**
Domingos Nobre

171 **Currículo e formação de professores: construção coletiva dialogada**
Kelma Araujo Soeiro

187 **Processos de formação contínua em serviço de educadores de jovens e adultos: a experiência de Pernambuco**
Marta Lima de Souza

207 **Limites e possibilidades da formação continuada de professoras de EJA mediada por registros diários**
Marisa Narcizo Sampaio

221 **Memória em forma de relatos de aula. Mais que recordação, um instrumento de trabalho na formação do educador de jovens e adultos**
Leôncio Soares
Fernanda Rodrigues Silva

233 **Depoimento I - Alfabetização e cultura escrita: sobre aprendendo a comprar peixe**
Timothy D. Ireland

243 **Depoimento II - Uma experiência e muitas descobertas**
Marta Maria Araújo

252 **Os autores**

Prefácio

Timothy D. Ireland

Os processos que se instalam em torno das Conferências Internacionais da Unesco de Educação de Adultos constituem momentos privilegiados de avaliação e de balanço do estado da arte mundialmente da educação de adultos – no mundo do comércio seria chamado de 'levantamento de estoque' (*stock-taking*, na língua inglesa). Os mecanismos formais que regem as CONFINTEAS, que acontecem em intervalos de doze anos, exigem que cada país apresente um informe nacional sobre o estado da sua EJA. Os relatórios nacionais formam a base para a preparação de relatórios regionais (por continente: América do Sul e Caribe, Ásia e Pacífico, África, Estados Árabes e Pan-Europa) e, em 2009, decidiu-se, com base nos relatórios regionais e outras fontes, elaborar um relatório global sobre a aprendizagem e educação de adultos – o GRALE. Nesse processo, que tem como ponto máximo a Conferência Global, a ser realizada em Belém do Pará em dezembro de 2009, transparecem as complexidades e os desafios do campo da

EJA, ao tempo em que se tenta identificar e estabelecer novas orientações e prioridades para a próxima década.

Embora cada CONFINTEA seja por natureza um produto do seu tempo – cada Conferência reflete o contexto socioeconômico e político em que acontece – a CONFINTEA VI será realizada em uma conjuntura particularmente complexa, referenciada por múltiplas crises. O mundo globalizado enfrenta diversas crises de alimentos e de água, de energia, de aquecimento global e de paradigmas de desenvolvimento sustentável, que colocam em questão os atuais padrões de produção e consumo, especialmente dos países mais ricos, e os reflexos disso para os países mais pobres e para o futuro do planeta. O atual contexto foi ainda exacerbado por uma das piores crises financeiras, acoplada a uma recessão econômica, a abater-se desde a grande depressão de 1929. Claramente, a complexidade da conjuntura mundial apresenta imensos desafios para a EJA nesse momento de balanço. Em um período de incertezas sobre as possíveis soluções e as saídas para as crises, existe uma aparente certeza de que a educação, especialmente a educação de adultos, será chamada a desempenhar um papel central.

Ainda na esfera global, as avaliações sobre o período entre a última CONFINTEA, em Hamburgo (1997) e o atual, sugerem um contexto de expectativas não satisfeitas. A Agenda para o Futuro acordada em Hamburgo se baseou num entendimento amplo da educação de adultos, que tentou dar resposta às demandas explicitadas durante o longo ciclo de conferências internacionais da ONU, realizadas na década de 1990. Começando com a Cúpula Mundial sobre a Infância (Nova Iorque, 1990), a comunidade internacional convocou 12 conferências importantes em que os governos se comprometeram a endereçar com urgência alguns dos problemas mais prementes que o mundo enfrentava como parte de uma nova agenda para o desenvolvimento mundial. Tais problemas se referiam ao bem-estar de crianças, à proteção do meio ambiente, aos direitos humanos, ao empoderamento de mulheres, ao emprego produtivo, à saúde reprodutiva e ao desenvolvimento urbano, todos ligados aos temas de paz, desenvolvimento e segurança humana. Cada conferência chegou a acordos sobre questões específicas num novo espírito de cooperação e propósito globais. Ao mesmo tempo, cada conferência buscou articular seus temas e seus planos de ação aos das outras conferências de uma forma deliberada, fortalecendo um entendimento comum do processo de desenvolvimento, que frisava o papel da democracia, o respeito para todos os direitos humanos e liberdades fundamentais incluindo o direito ao desenvolvimento.

Com base na formulação, já amplamente divulgada, da educação de adultos como um processo que inclui "a educação formal, a educação não formal e o espectro da aprendizagem informal e incidental disponível numa sociedade multicultural, onde os estudos baseados na teoria e na prática devem ser reconhecidos", a Agenda para o Futuro da Aprendizagem de Adultos (e não '*educação* de adultos' como tem sido traduzida em português) elencou uma lista de dez temas prioritários para a próxima década. Esses temos incluíram a contribuição da educação de adultos, na perspectiva da aprendizagem ao longo da vida; para a democracia; para as relações de gênero; para com as transformações no mundo do trabalho, em relação ao meio ambiente, à saúde e à população; para a cultura, meios de comunicação e novas tecnologias de informação, para os direitos e as aspirações dos diferentes grupos (pessoas idosas, migrantes, ciganos, nômades, refugiados, deficientes, privadas de liberdade, entre outros), e para a promoção da cooperação e da solidariedade internacionais. Dessa forma, Hamburgo não somente buscou responder às demandas postas pelas conferências que a antecederam, mas também tentou estabelecer um novo paradigma para a educação de adultos como componente constituinte da aprendizagem ao longo da vida.

Três eventos, de naturezas diferentes, puseram novos limites nessa visão ampliada da educação de adultos. Embora a retomada da agenda de Educação para Todos em Dacar, no ano 2000, tenha estabelecido metas específicas para a educação de adultos (metas 3, 4 e 5) essas metas priorizaram ações voltadas para a alfabetização e educação básica de adultos. Os Objetivos de Desenvolvimento do Milênio, lançados em 2000, não fizeram menção direta à educação de adultos, embora ficasse subentendido que seria impossível alcançar os objetivos sem novos investimentos na educação de adultos com destaque para a alfabetização – uma visão bastante instrumental do papel da educação no combate à pobreza. O terceiro evento, o ataque terrorista às Torres Gêmeas em Nova Iorque, foi seguido por uma nova orientação das relações internacionais: da perspectiva otimista visando um consenso global em torno das prioridades para uma nova agenda de desenvolvimento e cooperação, passamos para uma visão ofensiva baseada em políticas de segurança e de intervenção preventiva.

No Brasil, o processo mobilizatório para a V CONFINTEA teve um saldo bastante positivo para a organização da sociedade civil em torno da EJA. Em 1996, como parte desse processo lançado e coordenado pela então Comissão Nacional de Educação de Jovens e Adultos (CNEJA), o primeiro Fórum foi fundado no Rio de Janeiro e, ao longo da década seguinte, todos os estados brasileiros criaram os seus fóruns estaduais de EJA e, em vários casos, fóruns regionais. A partir de 1999, os fóruns junto com outros parceiros como a UNESCO, a UNDIME, o CONSED e, mais tarde, o MEC iniciaram os Encontros Anuais de Educação de Jovens e Adultos (ENEJAS). Apesar dos avanços constatados no campo, especialmente a partir de 2003, com a eleição do Governo Lula e a criação do Programa Brasil Alfabetizado, do PROEJA e de outros programas federais bem como a estruturação da Secretaria de Educação Continuada, Alfabetização e Diversidade (SECAD), a reconstituição da Comissão Nacional de Alfabetização e Educação de Jovens e Adultos (CNAEJA) e a inclusão da EJA no FUNDEB, as práticas na sua maioria têm sido orientadas por uma concepção de EJA restrita à visão escolar, compensatória e reparadora. A visão ampliada e menos escolar da EJA abraçada como um avanço em Hamburgo – uma EJA que é continuada e oferece oportunidades para todos os adultos e jovens, mesmo os que concluíram toda a sua escolaridade formal – não se concretizou.

O que mais se espera do processo que a CONFINTEA chancela é a passagem da retórica para a ação, mas uma ação que dialogue tanto com o contexto da crise como com os avanços na prática de EJA mundialmente. Nesse sentido, este livro confirma a complexidade, a vitalidade e a variedade da EJA no Brasil. Confirma que, embora o governo federal mantenha a responsabilidade por estabelecer, coordenar e financiar as políticas públicas de EJA, não podemos prescindir das contribuições e da criatividade dos outros atores da sociedade civil e do setor privado para avançar na direção de uma educação e aprendizagem de jovens e adultos democrática e inclusiva, que atenda às demandas e aos interesses de todos os jovens e adultos que a procurem em qualquer fase e dimensão da sua vida.

Uma apresentação para recuperar as histórias/experiências

Marisa Narcizo Sampaio
Rosilene Souza Almeida

A história da Educação de Jovens e Adultos (EJA) no Brasil é uma história que se produz à margem do sistema de educação, impulsionada pela luta dos movimentos sociais, marcada pelo domínio e pela exclusão estabelecidos historicamente entre a elite e as classes populares neste país.

Essa constatação não advém apenas de estudos e pesquisas, mas tem sido percebida por nós ao longo de nossa trajetória de educadoras que vêm atuando na EJA diretamente com os alunos, formando professores e coordenando projetos. Educadoras que, em contato com outros educadores que possuem a mesma experiência, percebem como essas experiências são ao mesmo tempo semelhantes e diversas entre si. O pensamento complexo (MORIN, 1996) auxilia na percepção da multidimensionalidade das situações e na compreensão da convivência de aspectos antagônicos, admitindo possibilidades diversas, como partes de um mesmo todo indissociável.

Um passado e um presente caracterizados pela tensão permanente entre diferentes projetos de sociedade e diferentes ideias sobre as finalidades da educação (do Estado, dos empresários, instituições filantrópicas, dos movimentos sociais, das populações de todos os cantos do país) geraram inúmeras iniciativas, práticas, experiências, pensares e fazeres na EJA. Estar à margem contribuiu para a criação de inovações de práticas e reflexões sobre ela, mas estar à margem do sistema formal também significou pouca atenção por parte da pesquisa e da reflexão acadêmicas. Uma ambiguidade que acompanha a EJA no Brasil.

As histórias e as práticas da EJA a um só tempo trazem marcas semelhantes no sentido de ser uma educação voltada para as camadas populares e marcas diferentes pela possibilidade de criar formas diferentes de fazer o trabalho, de acordo com o que pode ser feito em cada lugar pelo conjunto de sujeitos em diálogo com seu contexto.

É dessas experiências que este livro trata, todas diversas, mas com algo em comum: o desejo de fazer valer um direito. Por isso, ele é uma tentativa de registrar, divulgar e socializar as diferentes possibilidades, as experiências vividas, as histórias, as reflexões, algumas propostas e as vozes de quem faz a EJA no Brasil. Contém produções que discutem a escolarização de jovens e adultos, os processos de formação de educadores e a complexidade do fazer pedagógico. Os modos e as artes de fazer (no dizer de Certeau, 1994) da EJA têm desafiado todos os que trabalham nessa modalidade de educação, pelos enormes questionamentos e enfrentamentos teórico-metodológicos. O atendimento a essa demanda requer a formação constante dos professores face à carência de uma formação específica que dê conta das características próprias dos sujeitos da EJA, contemplando o estudo de sua história, de suas diversas formas de organização, que poderão contribuir com novos sentidos para as práticas pedagógicas. Dessa forma, o principal objetivo desta edição é oferecer aos educadores que lidam diretamente com a área de Educação de

Jovens e Adultos o acesso a conhecimentos que poderão subsidiar diferentes realidades e vivências pedagógicas.

A proposta deste livro é contribuir para o processo de formação de educadores de jovens e adultos através de relatos, problematizações e reflexões relacionados com a prática pedagógica, considerando a escassez de produção nessa área. Os artigos contemplam uma variedade de aspectos relacionados à EJA: experiências de projetos; práticas de formação continuada de professores; elaboração de projeto político-pedagógico; indicações para a prática; diversidade de espaços; sujeitos da EJA e culturas; fundamentação política e histórica da EJA no Brasil hoje. E podemos falar de Brasil como um todo, pois a variedade está presente também na diversidade de lugares de onde se originam essas experiências: Amapá, Ceará, Minas Gerais, Paraíba, Pernambuco, Rio de Janeiro, São Paulo e algumas que tratam de muitos municípios do interior das regiões Norte e Nordeste. São reflexões teóricas e metodológicas sobre o processo de alfabetização e escolarização de jovens e adultos, tendo a participação de profissionais que pesquisam e atuam com a EJA em diversos contextos.

O livro se organiza em quatro partes. A primeira, com dois artigos, apresenta uma visão histórica e conceitual da EJA e das metodologias de alfabetização. A segunda traz reflexões sobre algumas experiências. A terceira trata de diferentes aspectos da formação de professores e professoras. E, ao final, dois depoimentos contam histórias que marcam sujeitos da EJA.

O primeiro artigo, de Jane Paiva, apresenta uma retrospectiva histórica da EJA trazendo a visão compensatória que durante muito tempo dominou a área recuperando os conceitos de educação como direito público subjetivo e da EJA como modalidade da Educação Básica, respaldada por meio de preceitos legais, buscando novos caminhos para a efetivação da democracia educacional e revalidando um modo de existir com características próprias, conforme destacado por Cury (2000).

A partir do texto apresentado na conferência "Questões Metodológicas na Alfabetização de Jovens e Adultos", Claudia Vóvio discorre sobre as atualizações que a alfabetização sofreu nos últimos anos e as implicações que essas transformações trouxeram para a organização de programas de alfabetização e escolarização de pessoas jovens e adultas. Após traçar um panorama do complexo território da EJA no Brasil, são indicados alguns focos de atenção que podem balizar a construção das finalidades de programas educativos, formação de educadores e propostas pedagógicas para a EJA.

A variedade de abordagens em relação ao fazer da EJA começa com experiências desenvolvidas na área de EJA do Serviço Social do Comércio (SESC). A presença desses artigos se deve a uma rede de formação tecida em muitas ações que foram realizadas com foco na área e que reuniram os autores e autoras em momentos distintos. O Departamento Nacional do SESC desenvolve desde 1998 o projeto SESC LER, destinado a alfabetizar e escolarizar jovens e adultos até o 5º ano do ensino fundamental em municípios do interior de vários estados do Brasil, principalmente nas regiões Norte e Nordeste. Para isso, foram criados centros educacionais que, além das salas de aula possuem sala de leitura ou bibliotecas com acervo variado e espaço para atividades recreativas e esportivas. Esses centros funcionam em horário integral e possibilitam o desenvolvimento de ações que o SESC oferece nas áreas de cultura, lazer e saúde. Essa combinação de atividades expressa a concepção ampla de alfabetização e de formação do projeto. Está presente em 65 municípios, de 18 estados, com centros educacionais e salas de aula nas comunidades.

Kézia Cortez relata uma experiência na área de Educação Ambiental, no sertão paraibano, trazendo reflexões sobre as formas de relação social e ambiental que têm caracterizado os modos de viver dos jovens e adultos em diferentes espaços. Parte do viés da complexidade e do pertencimento ao coletivo, buscando alternativas para melhoria da qualidade de vida desses sujeitos.

Os profissionais que trabalham com a EJA na sala de aula ou na orientação pedagógica sempre se ressentem de estudos que discutam a questão do corpo e das atividades físicas para os alunos e alunas jovens e adultos. Rosa Malena Carvalho traz uma contribuição importante nesse sentido no artigo "Corporeidades e experiências potencializando a Educação de Jovens e Adultos". O corpo é percebido como produção sociocultural num questionamento às noções hegemônicas que hierarquizam os seres humanos de acordo com a etnia, o gênero, a opção sexual, o tônus muscular. A partir dessa noção e colocando-a em diálogo com a EJA, a autora busca afirmar práticas pedagógicas que colaborem para a ressignificação da organização escolar e compartilha o processo desenvolvido na sua experiência com EJA no Rio de Janeiro.

Rosilene Almeida traz à tona a importância de o projeto político-pedagógico (PPP) ser pensado e construído como um instrumento emancipador na perspectiva de processo enquanto vivência democrática e que, na visão de Veiga (2003), resgata a necessidade de "em vez de qualidade total, investir na qualidade para todos". Partindo dessa concepção, a autora nos sinaliza a considerar o PPP como um processo permanente de reflexão e discussão dos problemas da escola com todas as suas multiplicidades e complexidades, na busca de alternativas viáveis à efetivação de sua intencionalidade, como na analogia que faz relacionando o PPP com um espetáculo de balé pensando-o como espaço de construção e reconstrução de saberes.

No artigo "Educação de Jovens e Adultos, organização social indígena e projetos de futuro", Domingos Nobre aborda o significado da EJA para a formulação de projetos de futuro para as sociedades indígenas, enfocando principalmente experiências com os guarani. Mostra como essa sociedade incorporou projetos agrícolas, de saúde e de autossustentação "guaranizando-os" e transformando-os numa perspectiva de educação enquanto oportunidade de formação por toda a vida em função de seu projeto étnico-político de futuro. Trata-se de um viés da diversidade da EJA que poucas vezes é apresentado no cenário das produções acadêmicas.

O objetivo de oferecer subsídios para quem faz a EJA nos impulsionou a reunir algumas experiências e reflexões sobre a formação de professores e professoras para atuar na EJA. Esses textos mostram sua complexidade e especificidade, por meio da reflexão sobre algumas práticas nesse campo. No primeiro deles, Kelma Soeiro nos convida a partilhar uma experiência vivenciada na região Norte do Brasil, no Amapá, em municípios do interior através do Projeto SESC LER, com enfoque na formação continuada de professores de EJA. Parte do pressuposto de que uma ação docente só se torna significativa quando professores e alunos podem participar e atuar ativamente no processo de aprendizagem, que se revela dinâmico, criativo, encorajador e que tem como fundamento primordial o diálogo e as descobertas individuais e coletivas. O conhecimento nessa vertente revela o agir, o sentir, o falar e o 'ver' o mundo e o 'eu', nas palavras de Popkewitz (1994).

Já Marta Souza aponta caminhos possíveis para práticas de EJA, como é o caso do SESC em Pernambuco, que contemplem as especificidades dessa modalidade, denotando o desafio de construir processos de formação e autoformação contínuos e permanentes, que tenham como base o 'chão da escola', reafirmando o que dizia Guimarães Rosa "[...] vivendo, se aprende; mas o que se aprende, mais, é só a fazer outras maiores perguntas".

Ainda tratando do campo da formação de professores e professoras, dois artigos trazem a discussão sobre o uso de registros escritos como instrumentos formadores. No primeiro deles Marisa Sampaio conta a experiência do diálogo entre professoras e coordenadoras, mediado por registros da prática pedagógica na formação continuada dessas educadoras. Buscando expor a contribuição que esses registros podem dar para a reflexão sobre a prática, revela também sobre os limites de utilização dos registros como instrumento de formação continuada de professoras nessa dinâmica.

O outro artigo que aborda o uso de registros é de Leôncio Soares e Fernanda Rodrigues Silva, que trazem sua experiência de professores universitários que formam docentes para a EJA no curso de Pedagogia e na Pós-Graduação em Minas Gerais. Eles mostram como os relatos de aula dos alunos começaram a ser incorporados como forma de análise, observação e apreensão das aprendizagens, além de algumas descobertas e contribuições para a formação de educadores de jovens e adultos, que foram possíveis de se observar durante oito anos dessa "prática".

Temos também dois depoimentos. No primeiro Timothy Ireland retrata as mudanças ocorridas ao longo da história no conceito de alfabetização como técnica e como processo e, ao mesmo tempo, nos faz refletir sobre o que significa não poder acessar a cultura escrita e o sentido de isolamento e de vulnerabilidade dessa ausência nos diferentes sujeitos. Enfoca a necessidade do enfrentamento da relação entre alfabetização e cultura escrita com mais sensibilidade, entendendo, à luz do líder indígena, que alfabetização é como quem compra um peixe que tem espinha, ou seja, tirou as espinhas e escolheu o que queria. No outro, Marta Araújo relata a implantação de turmas de alfabetização em uma comunidade pesqueira do Nordeste brasileiro. O interessante dessa experiência foi a iniciativa dos trabalhadores organizadores de buscar uma instituição que desenvolve escolarização de jovens e adultos para ajudá-los a se formar e cumprir um requisito de escolarização exigido para a conquista de direitos trabalhistas e melhoria nas condições de seu trabalho.

Desejamos uma boa leitura a todos e a todas e esperamos que os artigos aqui apresentados possam contribuir com reflexões para novos modos dos fazeres pedagógicos na Educação de Jovens e Adultos.

As organizadoras

Direito formal e realidade social da Educação de Jovens e Adultos

Jane Paiva

> No Brasil, país que ainda se ressente de uma formação escravocrata e hierárquica, a EJA foi vista como uma compensação e não como um direito. Esta tradição foi alterada em nossos códigos legais, na medida em que a EJA, tornando-se direito, desloca a idéia de compensação substituindo-a pelas de reparação e eqüidade. Mas ainda resta muito caminho pela frente a fim de que a EJA se efetive como uma educação permanente a serviço do pleno desenvolvimento do educando.
>
> BRASIL (2000, p. 46)

No Brasil, pode-se observar, acompanhando estudos sobre a educação nas constituintes brasileiras (FÁVERO, 2001), como só em 1934, pela primeira vez, a Constituição Federal declara que "a educação é direito de todos e deve ser ministrada pela família e pelos poderes públicos (art.149)". Segundo Rocha (2001, p. 111), um dos autores da coletânea de artigos organizada por Fávero, essa declaração traduz, por parte dos legisladores, o lado "histórico-crítico inovador [que] estendeu-se também à renovação do campo educacional". E segue afirmando que

> [...] a concepção doutrinária dos renovadores é a de considerar que o Estado moderno constitucional exige que se

faça a afirmação da educação como um direito individual à semelhança do direito ao trabalho, à subsistência etc., já consagrados nas constituições modernas. (ROCHA, 2001, p. 125)

Bosi (*apud* FÁVERO, 2001, p. 249), analisando a educação e a cultura nas constituições brasileiras, afirma que no Império e na República Velha a educação foi tratada como assunto privado e que tanto a Constituição de 1967 quanto a Emenda de 1969, durante o regime autoritário, mais ainda se prestam a confundir público e privado, antes separados pela Constituição de 1934, no tocante principalmente aos recursos públicos. Legitimando o projeto nacional do golpe militar, tanto a Constituição Federal de 1967 quanto a Emenda de 1969 e todas as intervenções decorrentes na área educacional, asseguram o mínimo à educação, assim como adequam "o projeto educacional, em todos os níveis e em todas as modalidades de ensino e da formação profissional, ao novo projeto nacional" (FÁVERO, 2001, p. 253), marcado pela relação educação e desenvolvimento e pela ideia de educação como investimento. Na Emenda Constitucional de 1969 (Art. 176, § 3º incisos I e II) aparece pela primeira vez a educação como *dever* do Estado, assegurado apenas o ensino primário obrigatório para todos, dos sete aos 14 anos como direito. Baia Horta (1998, p. 24) assinala ainda que Constituição de 1967 "retoma dispositivos legais presentes na educação brasileira desde o Império, relacionando a obrigatoriedade escolar com a faixa etária e com o nível de ensino". Mais tarde, a Lei nº. 5692/71 consagra esta relação (constante nos Art. 176 e 178 da Constituição), entendendo o ensino primário como o de 1º Grau, já de oito anos, agora, e de obrigatoriedade dos sete aos 14 anos.

Mas é a "Constituição Federal de 1988 que fecha o círculo com relação ao direito à educação e à obrigatoriedade escolar na legislação brasileira, recuperando o conceito de educação como direito público subjetivo, abandonado desde a década de 30" (BAIA HORTA, 1998, p. 25), cuidando, segundo o autor, para que a proteção ao direito estivesse assegurada.

> Mas a assunção da educação como direito público subjetivo amplia a dimensão democrática da educação, sobretudo quando toda ela é declarada, exigida e protegida para todo o ensino fundamental e em todo o território nacional. Isto, sem dúvida, pode cooperar com a universalização do direito à educação fundamental e gratuita. O direito público subjetivo auxilia e traz um instrumento jurídico institucional capaz de transformar este direito num caminho real de efetivação de uma democracia educacional.
> (CURY, BAIA HORTA, FÁVERO, 2001, p. 26)

Pela formulação constitucional e no entendimento dos autores, a perspectiva do direito como caminho da efetivação da democracia educacional inaugura não apenas para as crianças mas *principalmente para jovens e adultos* uma nova história na educação brasileira.

É também Cury, na qualidade de relator do Parecer nº 11/2000 da Câmara de Educação Básica do Conselho Nacional de Educação (CNE), que estabelece as Diretrizes Nacionais Curriculares para a EJA, discorrendo em um dos muitos momentos em que o faz, em bela defesa do direito à educação para todos e na linha de argumentação que segue, quem assim se refere à nova concepção de EJA, sua vinculação com a redemocratização dos anos 1980 e a ampliação da noção de direito:

> [...] é no processo de redemocratização dos anos 80 que a Constituição dará o passo significativo em direção a uma nova concepção de educação de jovens e de adultos. Foi muito significativa a presença de segmentos sociais identificados com a EJA no sentido de recuperar e ampliar a noção de direito ao ensino fundamental extensivo aos adultos já posta na Constituição de 1934.
> (BRASIL, 2000, p. 21)

Poder-se-ia questionar em que medida a Constituição Federal de 1988 agregou com êxito os direitos coletivos ou anexou seus princípios, tratando-os, no entanto, como direitos individuais. Apenas após a Assembleia Constituinte, que promulgou o texto da atual Constituição brasileira em 5 de outubro de 1988, e depois de muitas lutas e tensões no plenário, defendendo interesses públicos e privados, e de intensas negociações com instâncias da sociedade organizada[1], a *educação volta a assumir o caráter de direito de todos*, vista como *direito social* (Cap. II, Art. 6º), ao lado da saúde, do trabalho, do lazer, da segurança, da previdência social, da proteção à maternidade e à infância, da assistência aos desamparados e tratada como *direito individual* no Capítulo III, Art. 205, 206, 208. Embora exista a preocupação de assegurá-la como *direito de todos*, não se confere a ela o *status* de *direito coletivo*. Constituída como direito público subjetivo (Art. 208, VII,§ 1º), traz a dimensão individual expressa, no caso de ações contra o poder público que deixe de oferecer o ensino obrigatório. Esse ensino obrigatório, de nível fundamental, é garantido na Constituição Federal de 1988, como direito de todos, pela seguinte formulação, já incorporando a redação dada pelo Inciso I da Emenda Constitucional 14 de 1996:

> [...] Art.208. O dever do Estado com a educação será efetivado mediante a garantia de:
>
> I – ensino fundamental obrigatório e gratuito assegurada, inclusive, sua oferta gratuita para todos os que a ele não tiveram acesso na idade própria; [...]

A Emenda Constitucional 14 trouxe, quando realizada, uma polêmica discussão sobre a retirada da obrigatoriedade da oferta do ensino fundamental gratuito, tal como formulado no texto

---

[1] É possível admitir que esses dados estejam mudando, em face das intervenções que o governo federal vem fazendo na área, desde 2003, com a assunção de Luiz Inácio Lula da Silva na Presidência, e a defesa da alfabetização para todos os brasileiros não alfabetizados, por intermédio do Programa Brasil Alfabetizado.

constitucional original. À primeira vista, alterar a formulação original de "ensino fundamental obrigatório e gratuito para todos os que a ele não tiveram acesso na idade própria" para esta anteriormente reproduzida, pode significar que a oferta fica comprometida como dever do Estado. Mas há a compreensão também expressa inclusive pelo legislador de que a questão em jogo não era essa, mas a de retirar dos sujeitos jovens e adultos a *obrigatoriedade* do cumprimento do ensino fundamental, como se faz com crianças, pela impossibilidade de exigi-la. Assim sendo, não se trataria de desobrigar o Estado da oferta gratuita do ensino fundamental a quem quer que seja, mas de deixar os sujeitos jovens e adultos livres para decidir por ela. Ou seja, garante-se o direito para todos, mas deixa-se ao livre arbítrio, no caso de jovens e adultos não escolarizados na chamada "idade própria" – conceito também discutível quando se trata de aprendizagem para além da escolarização, mas ao longo da vida, como vem sendo conceituado na Educação de Jovens e Adultos –, o direito de escolha para decidir pela assunção da oferta.

Essa questão foi bastante questionada pelos educadores e pesquisadores da área no governo FHC, quando o MEC não oferecia Educação de Jovens e Adultos (entenda-se essa oferta como a de recursos substantivos e políticas públicas), alegando não haver demanda. Analisando-se o texto da Emenda 14, assim como o da formulação original na interpretação que estou assumindo, percebe-se que, por ser a oferta dever do Estado, prescinde-se de demanda para que os sistemas sejam organizados independentemente de haver ou não procura. Acrescente-se que, a imperar a lógica governamental, a demanda pouco existiria (como efetivamente aconteceu), porque historicamente a procura pela Educação de Jovens e Adultos, especialmente no nível da alfabetização, nunca foi expressiva pelos estigmas que carregam os sujeitos quanto ao que significa ser analfabeto, o que muito frequentemente impede que eles se assumam em tal condição. O estigma, que vitima duas vezes o analfabeto, porque além da vergonha coloca-o como culpado pelo seu não saber, traz arraigada a não consciência do direito, e quando a chance reaparece, é percebida como prêmio, como bênção. Para a lógica do poder que rejeita e nega o direito a esses jovens e adultos, é confortável que assim seja, porque a demanda permanece contida pela opressão do próprio estigma, sem que haja cobrança dos beneficiários do direito quanto a políticas públicas que traduzam esse direito em oferta.

Direito à educação, assim entendido, tem existido como fundamento à ideia de educação como condição necessária, ainda que não suficiente, para se pensar o modelo democrático de sociedade, no qual o papel do Estado, como garantidor desse direito, tem sido insubstituível.

Cury, no Parecer CEB nº. 11/2000, assim se expressa:

> O direito à educação para todos, aí compreendidos os jovens e adultos, sempre esteve presente em importantes atos internacionais, como declarações, acordos, convênios e convenções.
>
> Veja-se como exemplo, além das declarações assinaladas neste parecer, como a Declaração de Jomtien e a de Hamburgo, a Convenção relativa à luta contra a discriminação no campo do ensino, da UNESCO, de 1960. Essa Convenção foi assinada e assumida pelo Brasil mediante Decreto Legislativo n.º 40 de 1967 do Congresso Nacional e promulgada pela Presidência da República mediante o Decreto n.º 63.223 de 1968. (BRASIL, 2000, p. 20)

O mesmo autor, em nota ao último parágrafo, chama a atenção para o fato de a Constituição Federal dizer, no art. 5º, § 2º, que os direitos e as garantias expressos na Constituição não excluem outros decorrentes do regime e dos princípios por ela adotados, ou dos tratados internacionais em que a República Federativa do Brasil seja parte, preceituando ainda que a celebração de tais atos é competência privativa da Presidência da República e sujeita a referendo do Congresso Nacional. (BRASIL, 1988, art.84, VIII). Isso equivale dizer que, para que qualquer um dos tratados ser incorporado ao ordenamento jurídico, ganhando força de lei federal, precisa tomar a forma de decreto-legislativo.

Para que o direito, entretanto, se faça prática, é preciso mais do que sua declaração legal. Assim é que se chega ao novo século e milênio com dados colhidos pelo Censo de 2000, que revelam a face cruel da desigualdade no tocante não apenas ao campo econômico mas também ao direito social da educação. Vários estudos, como o *Mapa do analfabetismo* realizado pelo INEP, revelam com clareza o quanto a sociedade brasileira tem sido vítima das políticas e conduções de sequentes governantes imóveis ao problema do analfabetismo e da interdição histórica de brasileiros e brasileiras aos instrumentos da leitura e da escrita.

Indicadores e dados educacionais: auxílio à contextualização do direito à EJA

No interessante trabalho publicado em 2000 pelo Instituto Nacional de Pesquisas Educacionais Anísio Teixeira (INEP), denominado *Mapa do analfabetismo,* alguns dados ajudam a compreensão de como o direito à educação esteve sempre tão vilipendiado no Brasil. Um deles é o de que, em 1886, o percentual da população escolarizada no Brasil era de 1,8%, enquanto na Argentina era de 6%. Em 2000, no *ranking* do índice de desenvolvimento humano (IDH), enquanto o Brasil ocupava a 73ª posição, em situação inferior a muitos países da América Latina, a Argentina ocupava o 34º lugar. Chile, Costa Rica, Trinidad e Tobago, México, Colômbia, todos à frente do Brasil, nos estudos do PNUD e UNESCO.

Embora a queda percentual do analfabetismo de maiores de 15 anos tenha caído fortemente no século XX, passando de 65,3% em 1900 para 13,6% em 2000, esse percentual ainda corresponde ao número absoluto de 16.295 milhões, nada desprezível, porque são pessoas, e não percentuais, que nos obrigam a um acurado senso crítico de admitir o quanto nos envergonham esses dados de apartação. Desde 1953 Anísio Teixeira (1971) assinalava essa preocupação de que os números absolutos é que importam, não nos devendo vangloriar com os percentuais em queda. Em 2000, a população analfabeta, em números absolutos, representava duas vezes e meia o número de 1900.

O *Mapa* ainda alerta, no entanto, que, se considerarmos o conceito de analfabetismo, que evolui historicamente, adotando a ideia de que é analfabeto funcional quem não cumpriu quatro anos de escolaridade, esse número pula para mais de 30 milhões, considerando a população de 15 anos e mais. Do ponto de vista das diversidades regionais, o *Mapa* confirma o Nordeste como o campeão da desigualdade, com quase 8 milhões de analfabetos, quase 50% do total do País. Mas, na distribuição de analfabetos absolutos entre os estados, Bahia, São Paulo, Minas Gerais, Pernambuco e Ceará respondem por cerca de metade deles no País.

Nos 100 primeiros municípios em concentração de analfabetos, do ponto de vista do direito, a situação da população de mais de 60 anos é crítica, porque representa 22,6% de analfabetos, seguida pelo mesmo índice entre os de 30 a 59 anos (1.828.686), o que corresponde a cerca de mais 700.000 pessoas em relação ao número de idosos (1.153.770).

Uma das questões também relevante é que 35% dos analfabetos já frequentou a escola, e o *Mapa* sugere que a dispersão da taxa de analfabetismo entre as faixas de idade, pode indicar a necessidade de estratégias específicas no tocante a políticas públicas para os diferentes segmentos. Além disso, a continuidade que não vem sendo assegurada para os recém-alfabetizados indica o risco do analfabetismo funcional em curto tempo, sem o correspondente aumento da escolaridade da população.

Muitos são os indicadores disponíveis, sinalizando no sentido da afirmação de Semeraro (1999, p. 6) quanto à convivência de um país ainda não realmente moderno e com expressões sociais e culturais de conotação tipicamente pós-modernas, oriundas da face metamorfoseada do capitalismo implantado rápida e acriticamente. Se, por um lado, vive-se a influência da mais moderna tecnologia da informação e da robótica, por outro, por exemplo, convive-se com um contingente de cerca de 13% de analfabetos, que participam da cultura escrita e de todas as suas construções, porque nenhuma organização na sociedade se faz voltada aos que não sabem ler, sem sequer dominar o código do sistema escrito. Segundo o IBGE, em dados referentes à coleta feita pelo Censo 2000, considerando-se a distribuição da população de 10 anos ou mais de idade, observa-se que 31,4% tinha até três anos de estudo, ou seja, que o terço da população brasileira que conseguiu ir à escola não chega à metade do ensino fundamental de oito anos. O Piauí e o Maranhão detêm as taxas mais altas (56,6% e 53,2%, respectivamente) e o Distrito Federal (16,1%) a mais baixa. Levando-se em conta a distribuição dos estudantes por nível de ensino frequentado, verifica-se que o ensino fundamental absorve o maior número de alunos. Nesse nível a matrícula atinge 58,2%; nas regiões Norte e Nordeste essa proporção é ainda maior, 62,6% e 64,1%, respectivamente. Entre os jovens de 15 a 17 anos de idade, a taxa de escolarização passou de 55,3% para 78,8%, o que significa dizer que estão tendo mais acesso à escola e nela permanecem por mais tempo, embora os dados de conclusão do ensino fundamental ainda demonstrem um distanciamento forte em relação aos dados de ingresso, e os dados do ensino médio não revelam que essa escolarização ampliada se faça nesse nível de ensino, como era de se esperar, pela faixa etária envolvida. Em relação às pessoas de 18 e 19 anos de idade, a proporção é menor: apenas 50,3% do grupo estavam estudando e, entre os jovens de 20 a 24 anos, a proporção é de 26,5%. No grupo de 25 anos ou mais de idade, embora a taxa de escolarização seja baixa e tenha triplicado de 1991 para 2000 – passou de 2,2% para 5,9% –, é insuficiente para revelar algum movimento efetivo de retorno à escola por parte dos que interromperam os estudos.

Essa afirmação é ainda mais contundente quando se explicita que o indicador inclui desde os estudantes que estão aprendendo a ler e a escrever até os que estavam na pós-graduação. Pela primeira vez o Censo revela a frequência escolar pela rede frequentada: 79% dos alunos estão matriculados na rede pública de ensino, o que reforça a necessidade de compreensão da oferta pública de educação como direito. A despeito desses dados, o número absoluto de sujeitos de 15 anos ou mais (que representam 119,5 milhões de pessoas do total da população) sem conclusão do ensino fundamental (oito anos de escolaridade), como etapa constituidora do direito constitucional de todos à educação, é ainda de 65,9 milhões de brasileiros. Da população economicamente ativa, 10 milhões de pessoas maiores de 14 anos e integradas à atividade produtiva são analfabetas ou subescolarizadas.

Atualizando esses dados, a PNAD de 2001 aponta que os analfabetos com mais de 15 anos representam 12,4% da população. Nas regiões, a distribuição desigual da população analfabeta pode estar associada, às condições econômicas, e à rarefação na ocupação do território, no Norte do País. Haddad (2002) já assinalava que os analfabetos não são pobres porque são analfabetos, mas são analfabetos porque são pobres.

Como reflexo das desigualdades, negros e pardos com mais de dez anos de idade também são mais vitimados nesse processo, com menos anos de escolarização do que brancos. Nas Regiões Norte, Nordeste e Centro-Oeste as diferenças se apresentam de forma mais aguda.

A grave situação educacional que os números revelam exige refletir o quanto têm estado equivocadas as políticas públicas para a EJA, restritas, no mais das vezes, à questão do analfabetismo, sem articulação com a educação básica como um todo, nem com a formação para o trabalho, assim como com as especificidades setoriais, traduzidas pelas questões de saúde, gênero, raça, rurais, geracionais etc. Alterar as políticas públicas no sentido de tornar indissociável alfabetização e educação básica, como integrantes de um mesmo processo, tem sido o grande desafio para a EJA no Brasil.

O imenso contingente de jovens que demanda a EJA, resultante de taxas de abandono de 12% no ensino fundamental regular e de 16,7% no ensino médio – acrescido de distorção idade-série de 39,1% no ensino fundamental e de 53,3% no ensino médio (BRASIL, 2001) –, revela a urgência de tratamento não-fragmentado, mas totalizante, sem o que se corre o risco de manter invisibilizada socialmente essa população, frente ao sistema escolar e seguramente no mundo do trabalho formal, exigente de certificações e comprovações de escolaridade formal.

Marcadamente quando as políticas públicas voltam-se para o que tem sido chamado de universalização do atendimento[2] e a escola básica deixa de ser elitizada, passando a atender preferencialmente as classes populares, não é o acesso suficiente para dar conta do saber ler e escrever, porque os fundamentos das práticas pedagógicas permanecem reproduzindo modelos culturais de classes sociais diversas das dos alunos, produzindo o fracasso escolar e a chamada "evasão", o que, ainda hoje, faz sair, mesmo os que chegam ao final, sem dominar a leitura e a escrita. Este fato tem representado um aumento substantivo de jovens na EJA, todos com escolaridade descontínua, não concluintes com êxito do ensino fundamental, obrigados a abandonar o percurso, ou pelas reiteradas repetências, indicadoras do próprio "fracasso", ou pelas exigências de compor renda familiar, insuficiente para a sobrevivência, face ao desemprego crescente,

---

[2] O percentual de cerca de 97% de atendimento significa cerca de três milhões de alunos, na idade e na etapa obrigatórias, fora da escola. Os dados do *acesso* foram anunciados sempre pelo Ministro Paulo Renato Souza, no Governo Fernando Henrique Cardoso, como conquista política, sem análise de que não representavam nem *permanência*, nem *sucesso* na escola básica.

à informalidade das relações de trabalho, ao decréscimo do número de postos. Essa presença marcante de jovens na EJA, principalmente nas áreas metropolitanas, vem desafiando os educadores do ponto de vista das metodologias e das intervenções pedagógicas, obrigando-os a refletir sobre os sentidos das juventudes – e de seus direitos – que permeiam as classes de jovens e adultos.

Distorções idade-série e idade-conclusão também vêm influenciando a composição de um contingente jovem na EJA. Na prática, a maioria de alunos de EJA provém de situações típicas dessas chamadas "distorções".

Com um leve decréscimo nas porcentagens, em três anos (2000, 2001 e 2002), no ensino fundamental, o número de alunos concluintes com idade superior a 14 anos, em 2000, equivalia a 49,3%; em 2002 correspondia a 43,5%, o que indica haver ainda um longo percurso até que os sistemas de ensino possam corrigir o fluxo de matrículas, melhorar o rendimento dos alunos, adequar o calendário escolar, dentre outros fatores que podem contribuir no enfrentamento dos desafios que modifiquem o quadro de exclusão precoce de crianças, adolescentes e jovens das escolas públicas brasileiras.

No ensino médio, há também queda nos índices de distorção, embora em 2000, do total de alunos concluintes dessa etapa, 55,1% se encontravam fora da idade prevista para o término, ou seja, tinham mais de 18 anos; em 2002, o percentual cai para 52,4%, significando que ainda mais da metade de alunos concluintes se encontra na mesma situação.

Os percentuais são proporcionais à progressão na educação básica: os menores níveis de distorção idade-série estão no primeiro segmento, crescendo no segundo segmento do ensino fundamental, e ampliando-se, ainda mais, no ensino médio. Essa observação permite dizer que os fatores de distorção podem estar direta e indiretamente relacionados à organização e à estrutura dos sistemas de ensino, que acabam por impedir ou dificultar o fluxo escolar (entre alguns fatores destacam-se a inexistência de vagas, as precárias condições de oferta, a falta de professores, a baixa qualificação dos profissionais, a inadequação do calendário, além da adoção de um projeto pedagógico que muitas vezes especifica a importância da diversidade, mas trabalha com uma concepção de aluno modelar). No ano de 2000, o primeiro segmento do ensino fundamental apresentava uma taxa de distorção de 38,8%, índice que se eleva para 53% no segundo segmento e, no ensino médio, alcança 60,1%. No ano de 2003 há uma sensível melhora desse fluxo, refletida nas taxas de distorção que sofrem queda de 9,5% para o primeiro segmento do ensino fundamental (29,3%), de 7,2% para o segundo segmento (45,8%) e de 5,6% para o ensino médio (54,5%).

Indicadores educacionais, como os apresentados, ganham vida quando se circula nos diferentes espaços da EJA existentes em todo o País, constatando-se que, atrás dos números, há milhões de pessoas que convivem cotidianamente com condições de oferta e de permanência precárias; com má qualidade de ensino e com uma modalidade educacional desvalorizada socialmente. A ausência de oportunidades concretas para vivenciar trajetórias de sucesso no sistema educacional acaba por culpabilizar a vítima, ou seja, cada sujeito, por mais uma história de fracasso. Frente aos descaminhos da EJA, torna-se imperativo assumir uma postura vigilante contra todas as práticas de desumanização.

Esses dados se agravam quando a eles se junta o que revela o quadro dos infratores de 18 a 29 anos: jovens pobres, com escolarização precária, que, privados da liberdade, passam ainda a ser privados de qualquer chance de escolarização, pela insuficiência de atendimento no sistema penitenciário. Julião (2003, p. 27-28), estudando o sistema penitenciário do Rio de Janeiro e a oferta pública de ensino que se faz em uma de suas penitenciárias, aponta que os dados do Censo Penitenciário de 1995 identificavam 129.000 presos no Brasil, país com a quarta população carcerária do mundo. Desses, 96% são jovens do sexo masculino, dos quais 53% entre 18 e 30 anos, 42% da população carcerária total composta por negros e mulatos, 75% com escolaridade inferior ao ensino fundamental e 95% em situação de pobreza. Dados mais atualizados de 2001, do *Informações Penitenciárias*, do Ministério da Justiça, demonstram a ampliação desse número para 222.330 presos, dos quais 4,4% são mulheres (9.574), e 95,6% homens (212.756). No caso do Rio de Janeiro, segundo o jornal O Globo (8 ago. 2004), 53% dos internos integram a faixa etária de 18 a 24 anos, que somados aos 19% de 25 a 29 anos, totalizam uma população de 72% dos condenados com menos de 30 anos. Como se observa, além da privação da liberdade, gera-se sob a guarda do Estado uma nova exclusão: a do direito a acessar a escolarização, por não ser ela ofertada para sujeitos apenados, na maioria dos estabelecimentos prisionais, como dever do Estado.

Tensões conceituais e sentido do direito à EJA

Quando se pensa a educação de crianças, admitir o seu não atendimento causa perplexidade e não resta nenhuma dúvida de que esse direito tem de ser cumprido. Nenhum cidadão não escolarizado optaria, em sã consciência, por escolher por sua educação primeiro, em detrimento da educação de seus filhos. Pelo contrário, a afirmação corrente entre esses sujeitos é a de que "não quero que meus filhos sejam iguais a mim, analfabetos".[3] Somente quando conseguem assegurar o que

---

[3] Afirmações desse tipo são ouvidas em inúmeros relatos de sujeitos em turmas de alfabetização ou entrevistas feitas com não alfabetizados. Em um projeto de vídeo que produziu *Sujeitos, falas, histórias*, em 2000, como resultado da disciplina Prática de Ensino e Estágio Supervisionado em Educação de Jovens e Adultos, na Faculdade de Educação da UERJ, gravada com sujeitos-alunos do Projeto de Extensão *Educação, Vida e Trabalho*, à época coordenado pela Profª. Edmée Salgado, hoje sob a minha coordenação, por aposentadoria da referida professora, pode-se observar como todos os entrevistados assinalam o compromisso que tiveram com seus filhos para que estes não fossem iguais na condição de não alfabetizados,

não foi possível para si é que se dispõem a pensar na própria educação, o que frequentemente implica um longo tempo e adiamentos constantes, já que a essa garantia sucedem-se e acoplam-se outras, todas relativas a não viver a situação humilhante de ser pobre, analfabeto, excluído. O estigma do analfabetismo não se encontra apenas no preconceito dos que sabem ler e escrever (os *estabelecidos*) em relação aos que não sabem, mas está fortemente interiorizado nos *outsiders*, o que Elias e Scotson (2000), chamam de vínculo duplo:

> [...] a estigmatização, como um aspecto da relação entre estabelecidos e outsiders, associa-se, muitas vezes, a um tipo específico de fantasia coletiva criada pelo grupo estabelecido. [...] transforma-se, em sua imaginação, num estigma material – é coisificado. [...] O sinal físico serve de símbolo tangível da pretensa anomia do outro grupo, de seu valor humano inferior, de sua maldade intrínseca; [...]. (ELIAS; SCOTSON, 2000, p. 35-36)

Não seria o dedo *polegar* a materialização do estigma? Não é este o gesto simbólico quando se quer humilhar alguém por não ser capaz de compreender alguma coisa? Quantas pessoas se excluem de determinadas situações exatamente pelo temor de terem de ser submetidas ao constrangimento de "assinar" com o polegar?

Ainda que de oferta pública insuficiente[4] e qualidade discutível, nenhuma dúvida resta, já se assinalou, quanto à necessidade

---

nem de pouco escolarizados. As histórias de luta, de estigma, de dor que passaram, fizeram com que optassem por primeiro educar seus filhos, para que não vivessem a mesma condição. Falavam com orgulho de filhos que estudaram, vários tinham filhos formados e uma delas, Sônia, cabeleireira, tinha, inclusive, uma filha cursando a habilitação de Educação Artística na Faculdade de Educação da UERJ, uma outra filha professora formada em nível de ensino médio e outros dois menores também na escola, regularmente matriculados. Com altivez falavam da luta, de não se sentirem derrotados, mas vencedores, no momento em que seu tempo também chegara.

[4] Deve-se destacar que o modelo de educação nacional traduzido pelos Parâmetros Curriculares que foram objeto principal da ação política do MEC, na tentativa de garantir, por cima, a qualidade, pela formulação competente de propostas e

de o Estado garantir o direito à educação para todas as crianças. Os dados do MEC que afirmam a universalização do ensino fundamental de 7 a 14 anos, da ordem de 97%, não são submetidos a críticas por parte da sociedade, nem quanto à qualidade, nem quanto às formas de atendimento. Esse atendimento nem sempre é feito em escolas públicas, já que grande parte das vagas é comprada às escolas privadas, sob o sistema de bolsas de estudo, o que faz com que os governos prescindam de investimentos públicos para a construção de novas unidades escolares e para a composição de quadros profissionais, além de não sujeitar as escolas privadas a fiscalizações condizentes com a responsabilidade social que deveriam assumir. Além disso, *acesso* não tem sido suficiente para garantir escolarização, porque não se consegue a *permanência*, nem o *sucesso* dos alunos no ensino fundamental, nem no médio. Exames integrantes do sistema de avaliação do MEC/INEP também revelam o quanto a qualidade – que como conceito deve ser precisada, em qualquer caso – qualquer que seja o atributo a ela dispensado, é baixa na escola brasileira, seja pelos anos de escolaridade, seja pelos resultados alcançados pelos alunos quando submetidos a diversos tipos de avaliação, segundo o que o MEC, nos anos do governo Fernando Henrique, definiu como básico e nacional.

Pode-se afirmar que a escola brasileira continua, por assim dizer, produzindo em grande parte o analfabetismo e a subescolarização, expulsando dela alunos (e até mesmo professores) que não encontram respostas para o que buscam. Os primeiros, porque não aprendem (segundo os modelos escolares), têm na

---

concepções (segundo um modo de pensar a escola e a educação), não alcançou mudanças concretas na base do sistema – este sim o lugar da prática pedagógica, do fazer e da transformação. Por desprezar os saberes docentes produzidos por professores na prática pedagógica, diante das carências, dos improvisos e da existência real de poucas condições, que acabam definindo graus de autonomia e de criatividade, as propostas, extremamente elitizadas, não conseguiram estabelecer diálogo com os professores que, no máximo, mudam discursos pedagógicos, sem alterar as práticas.

escola um dos modelos constitutivos das formas de exclusão social, reproduzida sob a forma de preconceitos, rótulos, discriminações, tanto étnicas, quanto sociais e de gênero. Os segundos, porque não conseguem subsistir na condição profissional de professores e abandonam o emprego. Os que ficam, resistindo a projetos de detratação da escola pública, conseguem em alguns casos formular projetos alternativos de educação capazes de fazer frente aos interesses populistas e domesticadores de muitas administrações eleitas. Uns poucos, de escolas bem aquinhoadas, não precisam de nenhum esforço para que sejam "bem-sucedidos", porque os alunos, pertencendo a classes economicamente favorecidas, deixam ao trabalho pedagógico (e até mesmo apesar dele) pouco a fazer para que tenham sucesso.

Os dados dos que entram no ensino fundamental ainda revelam que apenas cerca da metade o conclui. Dado historicamente resistente, como se observou, sofreu poucas mudanças nos últimos anos. Se o ensino fundamental de oito anos obrigatórios vai mal, necessariamente o nível que lhe segue, o médio, reforça essa condição de exclusão: em primeiro lugar, pela escassez de matrículas, o que não o disponibiliza para a maioria e, em segundo lugar, por não ter clareza em suas finalidades e objetivos. O ensino médio, reformado no governo FHC, criou a dicotomia escola propedêutica x profissionalização, debatendo-se entre os que defendem o caráter profissionalizante – para as classes populares, evidentemente – e os que o querem com viés humanista, para se fazer na prática nem uma coisa, nem outra, desfigurado na identidade ainda não adequadamente constituída.

Se o direito à educação pela via do acesso não mais se põe como problema quando se trata de crianças – seja pela existência de consenso social, que considera prioritária essa oferta, seja pela chamada "universalização" alcançada –, novos direitos emergem, por exemplo, o que resume a ideia de educação pública de "qualidade social", que tem sido a tônica dos movimentos organizados em defesa de direitos emergentes no campo da educação. Mas essa questão encerra a lógica do direito apenas para um conjunto etário – as crianças –, e deixa de problematizar o conjunto de jovens e adultos, cujo direito primeiro de acesso ao ensino fundamental sequer se fez prática. Não existe consenso nem entre os que dela precisam quanto a se fazer prioridade, nem entre dirigentes e formuladores de políticas públicas.

Historicamente, nem sempre o direito à educação esteve resguardado. Apesar da formulação do texto constitucional, não se fez prática. A forma como as políticas públicas conceituam a EJA e como vêm desenvolvendo ações como oferta pública merece atenção, especialmente quando vinculam ações de educação ao utilitarismo do voto ou o defendem, sem precisar da primeira. Embora pareça ultrapassada essa problemática, no "país" que não chega a ser moderno, a utilidade do voto ainda consegue sobrepor-se à da oferta da alfabetização. Assim é que Cury (2001, p. 194), estudando a cidadania republicana e a educação e relacionando a questão ao voto do analfabeto, mostra como este último encontrava vozes que lhe eram favoráveis, mas não ao ensino público obrigatório:

> O serviço à pátria, independendo do domínio da escrita, é um serviço voltado para o bem público e, portanto, não se deve diferenciar o cidadão pelo critério de escolarização. O voto deveria ser extensivo a todos. Eis, em síntese, o pensamento de Moniz Freire.[5]

A luta pelo direito à educação na Constituição Cidadã

A Constituição Federal de 1988, trazendo de volta à história brasileira a conquista da educação para todos como direito,

---

[5] Moniz Freire, constituinte pelo ES, assim se expressa na sessão de 12 de janeiro de 1891 (ANNAES, I, p. 233).

passa, em tese, a incluir o largo contingente de analfabetos e analfabetos funcionais jovens e adultos que o País produzira, mesmo convivendo com sucessivas propostas alfabetizadoras, expressões até mesmo de políticas públicas, ampliando-se para a perspectiva de *direito público subjetivo*.

Segundo Bobbio (1992), o problema mais grave na atualidade, em relação à conquista de direitos, não é sua fundamentação, mas como protegê-los. Para a população que luta por direito à educação, é clara a ideia de que a luta é cotidiana, que se luta hoje para conquistar amanhã, mas, se não houver vigilância, o direito pode se perder, então é preciso voltar a lutar. A luta cansa, mas ensina, e esta é, pois, uma grande aprendizagem da luta. (SPOSITO, 1993; PAIVA, 2000).

Essa ideia de que a luta por direito inverte a mão tradicional do poder, que passa a vir de baixo para o alto, leva diretamente à relação entre direito e democracia, assinalada por Bobbio como *subversiva*. Cury, Baia Horta, Fávero (2001, p. 26), referindo-se ao pensamento de Bobbio quanto a ser a democracia subversiva porque inverte a concepção descendente do poder em favor da concepção ascendente, dizem poder, talvez, fazê-lo convergir com Lefort, sua "invenção democrática" como reinvenção permanente do real.

Cury, Baia Horta, Fávero (2001, p. 26) ainda ressaltam:

> O grau de participação da sociedade civil na elaboração da Constituição de 1988 traduziu esta concepção ascendente e, talvez por isso, ela seja reinventora de novos direitos sociais, aí compreendida a própria educação. Ela incluiu novos direitos a fim de possibilitar uma situação de maior participação para aqueles que foram historicamente excluídos do acesso aos bens sociais.

Nas lutas travadas pela educação durante os trabalhos da Constituinte, o Fórum Nacional da Educação na Constituinte em Defesa da Escola Pública significou uma forma de participação democrática inédita, ascendente, que se prorrogou como movimento durante os trabalhos de discussão até a aprovação da LDBEN e se perpetuou até os dias atuais, passando pelo Plano Nacional de Educação e pelo Fundo Nacional para o Desenvolvimento da Educação Básica (FUNDEB).

Baia Horta (1998, p. 7-8), indagando como se faz para proteger um direito social, argumenta que este é mais difícil de proteger do que os direitos de liberdade, porque quanto mais satisfeitas as necessidades, mais aumentam as pretensões.

Foram introduzidos pela Constituição Federal alguns mecanismos jurídicos, como proteção ao direito do cidadão, como o *mandado de injunção*, forma de garantir o direito da cidadania e o dever do Estado, que constituem o *direito público subjetivo*.

Afirmando que um dos passos da proteção ao direito à educação se dá quando ela é definida como *direito público subjetivo*, Baia Horta (1998, p. 7) diz que, embora venha sendo defendido desde 1930 por juristas, só em 1988 foi proclamado. O poder de ação de uma pessoa para proteger ou defender um bem inalienável e, ao mesmo tempo, legalmente constituído, é o que se entende por *direito público subjetivo*, e os dispositivos jurídicos desse poder traduzem-se pela ação popular, ação civil pública, mandato de segurança coletivo e mandato de injunção – todos previstos e regulamentados pela Constituição Federal de 1988.

Baia Horta (1998, p. 8-9) também destaca o que Boaventura de Sousa Santos (1989) considera como "a igualdade dos cidadãos perante a lei", que se choca com "a desigualdade da lei perante os cidadãos", assim como a existência da desigualdade na administração da justiça, e, ainda, na presença necessária do Estado para a proteção dos direitos sociais traduzida por políticas públicas adequadas.

Recuperando a formulação de Paul Singer (1996), quanto ao atendimento do direito à educação pelo Estado, Baia Horta (1998) assinala que Singer funda-o em duas posições: a primeira, chamada de *civil democrática*, que se traduz pela obrigatoriedade escolar e reafirma o dever do Estado; a segunda, a que denomina de *produtivista*, acentuando a perspectiva da oferta e da demanda e deixando em segundo plano o dever e a obrigatoriedade. Pode-se reconhecer, por exemplo, nessa segunda posição, aquela adotada durante todo o governo FHC em relação à EJA, cuja oferta só se daria mediante demanda ausente, pois, como política pública, aspecto discutido por mim neste texto.

Cury, Baia Horta, Fávero (2001, p. 28-29) destacam o papel do mandado de injunção e de outros instrumentos legais, como um conjunto através do qual a sociedade organizada pode:

> [...] *educar o educador*, estatuindo ou impedindo. Nesse caso, a sociedade civil não educa apenas o Estado-educador no sentido de conduzi-lo a realizar aqueles direitos que, nos limites constitucionais, efetivam a igualdade fundamental entre os cidadãos. Ela também se educa como fonte de poder e pode, reciprocamente, ser educada pelo Estado. Cobra-se, nessa medida, o que é dever do Estado em suas funções clássicas e ao mesmo tempo controla-se o abuso do poder.

É Bobbio (1992, p. 72) quem, em seguimento às ideias até aqui organizadas, ajuda-me a compreender como o poder do Estado se faz mais necessário, em se tratando de direitos sociais:

> Enquanto os direitos de liberdade nascem contra o superpoder do Estado – e, portanto, com o objetivo de limitar o poder –, os direitos sociais exigem, para a sua realização prática, ou seja, para a passagem da declaração puramente verbal à proteção efetiva, precisamente o contrário, isto é, a ampliação dos poderes do Estado.

A EJA, modalidade da educação básica composta de sujeitos não beneficiários desse direito na época própria, o que lhes impediu o processo de escolarização, tem nesse um de seus muitos sentidos, mas não deve ser compreendida apenas por esse viés. A Educação de Jovens e Adultos, conforme a Declaração de Hamburgo, firmada em 1997, durante a V Conferência Internacional de Educação de Adultos, reconheceu que essa área é fundamental à vida em sociedades contemporâneas, em que os processos de aprender são fundamentos cotidianos. O sentido verdadeiro da EJA é o da educação continuada, que favorece processos educativos para jovens e adultos, cujas condições de vida os mantêm afastados dos conhecimentos indispensáveis à sua humanização, assim como quanto aos direitos sociais à saúde, ao emprego, à qualidade de vida, à formação profissional etc. Com isso, deve-se conferir-lhes condições mais adequadas para se moverem na sociedade complexa em que vivem e da qual participam, sem os instrumentos básicos da cidadania. Mas o conceito explicitado na V CONFINTEA também reafirma a escolarização como uma das dimensões da EJA, pelo reconhecimento da melhoria que a condição cidadã passa quando os sujeitos dispõem do aprendizado da leitura e da escrita, formando leitores e escritores dos textos que produzem em suas passagens pelo mundo. Ler e escrever, como requisitos que a escola legitima para conferir aos sujeitos melhores condições de exercer a cidadania, atendem à dimensão da escolarização, fundamental para a vida em sociedades grafocêntricas, constituindo direito em qualquer idade, para quem não o auferiu na época da infância.

Todos os esforços realizados ao longo da história da educação de adultos no País, no sentido de assegurar a educação aos que não usufruíram da escola regular quando crianças não conseguiram alcançar a universalização do atendimento, sequer o êxito na tarefa, ou seja, fazer ler e escrever com competência os que se encontram à margem do domínio do código. Campanhas, instituições, políticas funcionaram em sua maioria na mesma perspectiva do estigma, do alívio ao analfabetismo, poucas vezes pela razão do direito de iguais. *A ferida*, a *chaga*; *erradicação*, *extirpar o mal*, *mancha negra*, *vergonha nacional* são muitas das expressões que acompanham não apenas o imaginário social, mas estão postas em planos, legislações, cartas magnas.

A alfabetização, tomada como oferta de atendimento para jovens e adultos, em muitas campanhas e programas no Brasil, foi por muito tempo e até muito recentemente, a medida do que se entendia como educação de adultos. Em alguns casos, estendia-se essa medida até o nível das quatro primeiras séries, oferecidas em tempos e com conteúdos reduzidos, no que se chamou de pós-alfabetização. Sob a guarda da atual Constituição, no entanto, que expressa o dever do Estado com a educação em nível de ensino fundamental, qualquer proposta menor do que a correspondência a esse nível de ensino não cumpre o preceito da Carta Magna. Assim, defender projetos de alfabetização, ou o objetivo de alfabetizar não dá conta do compromisso e do dever que o Estado brasileiro precisa ter com a EJA.

A Constituição Federal de 1988, postulando o direito ao ensino fundamental para todos, independentemente da idade, por meio do art. 208 inciso I, representou um avanço. Na prática, no entanto, começava a ser negado. Alterado o Art. 208, pela Emenda Constitucional nº 14/96, propugnou-se, a partir de então, que o ensino fundamental fosse uma possibilidade para jovens e adultos, e não mais obrigatoriedade, por se entender que não se pode obrigar adultos e jovens além dos 14 anos a ir à escola, se não o fizeram na chamada idade própria. Di Pierro (2000) questiona a expressão "idade própria", perguntando-se o que significa, diante dos marcos epistemológicos que sustentam o aprender por toda a vida. Se, por um lado, pode parecer razoável que o legislador tenha tido esse cuidado, para não criar um preceito não exequível na prática, por outro, pode estar em jogo o fato de a nova redação sustentar mais uma forma de desresponsabilização do Estado em relação à oferta da EJA, criando, sem explicitação, prioridade para a tal "idade própria". O que se coloca em risco, talvez mais do que em jogo, é a perspectiva de esgarçar o ainda frágil direito, que, muito embora tenha sido conquistado constitucionalmente, passa a adotar uma formulação ambígua, capaz de admitir o não dever do Estado com o direito, e outras possíveis interpretações dele decorrentes.

Os sujeitos da EJA, potenciais trabalhadores, vivenciaram, juntamente com as disputas relativas à política de direito à educação, o desemprego crescente, a informalidade das relações de trabalho, o decréscimo do número de postos. Não são mais trabalhadores modelares, tal como eram concebidos há alguns anos. Quem são esses pretensos trabalhadores? São jovens? Práticos, experientes? Que expectativas têm da vida adulta, que ainda se organiza pelo trabalho? O que é trabalho, para eles? De que trabalhador esse novo mundo necessita? A presença marcante de sujeitos que questionam as próprias identidades pelas quais aprenderam a se constituir, subjetivando-se por elas, vem desafiando os educadores do ponto de vista das metodologias e das intervenções pedagógicas, obrigando-os a refletir sobre os sentidos das juventudes – e de seus direitos – que permeiam as classes de EJA, atentos para o que cabe à escola fazer além de ensinar a ler e a escrever.

Aqui cabe fazer certa digressão quanto à questão dos adolescentes e jovens, na relação de direito à educação e à condição de trabalhador. Apesar de devidamente ordenada do ponto de vista jurídico nacional, que ainda admite o trabalho do menor na qualidade de aprendiz, sem dúvida, implica contradição com os acordos internacionais de que o Brasil é signatário, que visam à eliminação do trabalho infantil. Cury (BRASIL, 2000, p. 23) alerta para o fato de a Emenda Constitucional nº. 20 de 1998 ter alterado o teor do art. 7°, XXXIII da Constituição Federal para a seguinte redação: *proibição de trabalho noturno, perigoso ou insalubre a menores de dezoito anos e de qualquer trabalho a menores de dezesseis anos, salvo na condição de aprendiz, a partir de quatorze anos,* sugerindo a leitura do Estatuto da Criança e do Adolescente (ECA), art. 60-69 e art. 402 a 414, e 424-441 da Consolidação das Leis do Trabalho (CLT), que tratam do adolescente aprendiz. A possibilidade admitida, sem dúvida, acaba encobrindo inúmeros desvios à formulação legal sobre como o trabalho se faz, mas não na condição de aprendiz, muito menos cumprindo a legislação trabalhista. Pode-se dizer que no Brasil o trabalho infantil só deixará de existir quando for encarado como *problema*, porque até então tem sido encarado como *solução*, admitindo-se a concepção social que considera melhor que a criança, o adolescente e o jovem trabalhem do que acabem, pelo ócio, caindo na marginalidade. Evidentemente que esse modo de pensar se aplica não a todas as classes sociais, mas apenas às populações pobres, vistas como marginais na essência as quais, diante de "oportunidades", passam a "desenvolver essa potência".

Admitindo-se que, pelo menos, a proibição do trabalho noturno ao menor se faça em respeito à sua condição de sujeito em formação, a *oferta de ensino noturno regular, adequado às condições do educando* passa a ser dever do Estado, conforme o Art. 208 inciso VI da Constituição Federal reiterado pelo inciso VI, art. 4º da LDB., assim como a *oferta de educação escolar regular para jovens e adultos, com características e modalidades adequadas às suas necessidades e disponibilidades, garantindo-se aos que forem trabalhadores as condições de acesso e permanência na escola* (inciso VII, art. 4º). Esse dever do Estado com a educação escolar pública assim enunciado visa a assegurar a possibilidade de acesso à escola, horários, metodologias, direito garantido pelo art. 54, VI da Lei 8.069/90, que especifica a adequação deste turno às condições do adolescente trabalhador. Assim também o art. 227 da Constituição Federal, ao tratar do direito à proteção especial, impõe, no inciso III, a *garantia de acesso do trabalhador adolescente à escola.* Também visa a assegurar *gratuitamente aos jovens e adultos, que não puderam efetuar os estudos na idade regular, oportunidades educacionais apropriadas, consideradas as características do alunado, seus interesses, condições de vida e de trabalho, mediante cursos e exame* e, ainda, caberá ao Poder Público viabilizar e estimular *o acesso e a permanência do trabalhador na escola, mediante ações integradas e complementares entre si* (LDBEN, 1996, Art. 37 § 1º e 2º).

No tempo em que no mundo a educação vem sendo tomada como um direito humano, mais do que apenas direito social, a conquista no aspecto jurídico, entre nós, continua não garantindo, na prática, esse direito. A letra da lei não consegue alterar o jogo das relações políticas e dos programas governamentais que vêm excluindo, pelas opções que realizam, uma dupla vez os brasileiros já excluídos na infância, negando-lhes o atendimento, o reconhecimento de serem cidadãos de direito, a "chance" renovada do saber sistematizado da cultura escrita que organiza a vida social nas sociedades grafocêntricas.

Como direito humano, busca-se legitimar para a educação a ontologia do ser social, entendendo-se que, mais do que uma construção da história, ela significa um atributo da própria humanidade dos sujeitos, sem o qual homens e mulheres não se humanizam completamente. É por meio dos direitos humanos que o valor da liberdade passa a ser posto no horizonte como fundamento essencial da vida, cuja realização exige regras e formas de convivência capazes de garantir a igualdade para todos os sujeitos. O modo possível de operar com essa igualdade tem sido defendido pela democracia como valor universal.

Observa-se, então, como a construção social inicia seu processo de complexificar o sentido de direito, já que o que antes poderia resumir um direito – escola para todos –, não mais se faz suficiente, se essa escola não garante a todos o saber ler e escrever com qualidade. Isso não configura outro direito, mas se amalgama à ideia original de tal maneira, que impõe pensar direito à educação nessa significação ampla: ir à escola e aprender a ler e a escrever como leitor/escritor experiente, considerando-se a diversidade de sujeitos e suas experiências e trajetórias de vida.

A enunciação dessa nova significação, no entanto, não basta para que esses "dois" sentidos – ir à escola e aprender – se encontrem na prática social. Continua-se a lutar pela escola para todos, não consagrada para enorme contingente, assim como se defende a qualidade, forma pela qual o saber ler e escrever parece estar associado.

Como conquista, o direito à educação vem se fazendo em movimentos mais ou menos densos e tensos, tanto provocado como resposta do setor público a exigências populares, quanto por meio de algumas proposições de políticas públicas cuja face exteriorizada se afirma com essa intenção e por ela tenta se sustentar.

Direito à educação na década de 1990

Na década de 1990, pós-constitucional,[6] os arranjos da década anterior em torno de uma nova ordem econômica avançaram, mal dando tempo para que os países que se redemocratizavam, assim como o Brasil, pudessem exercer livremente suas conquistas cidadãs, já mergulhando nas amarras do poder econômico ditado pelo neoliberalismo e por um governo discutível, mesmo para a execução dessa tarefa, pela fragilidade de compromisso ético com o mandato que se iniciava para o mais alto cargo do executivo. Entre as muitas medidas imediatas da posse de Fernando Collor de Melo, destaca-se a extinção da Fundação EDUCAR, deixando sem qualquer sucedâneo o campo da EJA e interrompendo o atendimento a milhares de alunos jovens e adultos.

É dessa mesma década o pronunciamento público do Ministro da Educação, José Goldenberg, afirmando reconhecer que o analfabeto não tinha um bom lugar mas, por já estar lá e ter conseguido se arranjar assim, não valia a pena mexer com ele, porque a prioridade era *prevenir o mal*, educando as crianças. Ao lado dele, o educador Darcy Ribeiro, em Congresso Brasileiro de Alfabetização em São Paulo, 1990, proferiu a frase em sua conferência que Haddad (1997, p. 106) cristalizou no início de um artigo discutindo a nova LDB: "Deixem os velhinhos morrerem em paz !".[7]

---

[6] Refiro-me especificamente ao fato de, em 5 de outubro de 1988, o País voltar a ter uma Constituição democrática, fruto das lutas contra a ditadura militar no Brasil, aprovada após o trabalho de uma Assembleia Nacional Constituinte que para isso foi eleita.

[7] O artigo denomina-se A educação de pessoas jovens e adultas e a nova LDB e se encontra. (BRZEZINSKI, 1997). Nesse artigo, Haddad resgata o encerramento do

A turbulência dos episódios que se seguiram, com o *impeachment* do presidente, acabou por adiar, por mais tempo, a definição de leis ordinárias que sucederiam a Constituição Federal, nesse caso a Lei de Diretrizes e Bases da Educação Nacional (LDBEN), fazendo avançar o uso de medidas provisórias que legislavam em nome de um ordenamento legítimo.

Especialmente a partir daí e a despeito da assinatura, pelo Brasil, do acordo de educação para todos em Jomtien, na Tailândia, ainda em 1990, vem-se assistindo ao desmantelamento das políticas na área, alijando do atendimento milhões de jovens e adultos credores de políticas governamentais, desde que foi extinto o órgão que respondia e fomentava ações de educação de adultos no País.

Novamente o espaço aberto foi, por isso mesmo, sendo ocupado gradativamente pela sociedade civil, por meio de suas forças organizadas,[8] em tamanho e número reduzidos a experiências, quase sempre de alfabetização, cuja continuidade não se conseguia assegurar, frustrando e interrompendo projetos de estudo daqueles que tardiamente conseguiam ir à escola.

Por outro lado, muitos municípios, sensíveis e próximos ao drama do abandono educacional a que novamente jovens e adultos eram protagonistas, assumiram nas redes públicas o financiamento da área, garantindo a inserção da EJA nos sistemas públicos de ensino. Assiste-se, nesse momento, a um movimento do poder local, em busca de assegurar atendimento

---

Congresso Brasileiro de Alfabetização, organizado pelo Grupo de Estudos e Trabalhos em Alfabetização (GETA) e realizado em São Paulo, em 1990, por ocasião das mobilizações que marcaram o Ano Internacional da Alfabetização, quando Darcy Ribeiro, diante de Paulo Freire, de câmaras de vídeo e olhares atônitos de 1500 pessoas, expressou sua posição, desqualificando a Educação de Jovens e Adultos, no auditório da antiga Escola Caetano de Campos.

[8] As ONGs, na década de 1990, seguram o atendimento a jovens e adultos, além das iniciativas dispersas em igrejas, movimentos de bairro etc. Mas é de meados dessa década a constituição do Telecurso 2000, que acabou sendo "a alternativa" de EJA, inclusive para muitos municípios que conveniam com o programa, formulado e vendido pela Fundação Roberto Marinho.

aos munícipes, cidadãos demandantes da EJA. Algumas prefeituras, principalmente do PT, cujo compromisso com a educação para todos constituía programa partidário, seguem os passos da Prefeitura de São Paulo, que, com Paulo Freire à frente da Secretaria Municipal de Educação, constrói o Movimento de Alfabetização (MOVA), uma iniciativa executada "fora da rede" nas comunidades, mas acompanhada e alimentada pelo poder público, inclusive com recursos. Desenhos do MOVA aparecem pelo País, inclusive em governos não petistas, e permanecem até hoje. A concepção que o MOVA encerra ofereceu muitas lições aos educadores e aos sistemas públicos, mas seu não enraizamento na rede pública, definiu, em quase todos os lugares em que o PT perdeu a continuidade dos mandatos, a ruptura e o abandono do programa, novamente entregando os então atendidos à própria sorte. Mesmo onde o partido fez sucessor e o MOVA continuou a ser realizado – o que poderia configurá-lo como uma política pública – porque permaneceu "fora da rede", correu sempre o risco de deixar de ser a expressão política da EJA, a qualquer tempo. Nesses casos de permanência, os integrantes das redes públicas – professores formados e concursados – não vêm com bons olhos os "competidores", muitas vezes mais prestigiados do que os profissionais da educação, causando disputas internas, forjadas pela crença de que os educadores populares, por serem das comunidades – o que nem sempre se confirma – conseguem estar próximos das necessidades e dos interesses dos educandos.

As prioridades que os sucessivos governos estabelecem para o ensino fundamental de crianças, no contexto político não apenas nacional, mas internacional, em que as áreas sociais perdem espaços significativos no cenário de um mundo em que o capital globalizado derruba fronteiras e desterritorializa nações, fazem, por assim dizer, o pano de fundo da EJA. Que perspectivas ideopolíticas têm definido as escolhas e as opções feitas pelos diferentes atores sociais envolvidos com a Educação de Jovens e Adultos?

Momentos significativos nessa década chamaram o Brasil a participar de acordos sociais firmados internacionalmente em eventos, à medida que proliferavam, paralelamente, a política neoliberal e seus danos às populações, aos seus direitos de existência e à sua qualidade de vida, expressos pela voracidade do capitalismo; assim como os acordos de livre-comércio que impõem unilateralmente barreiras aos mercados dos países pobres do Sul.

Negando o direito à EJA no FUNDEF e assumindo o direito na LDBEN

Quando, em julho de 1996, o Presidente da República vetou a inclusão da contagem das matrículas do existente ensino supletivo (que atendia aos educandos jovens e adultos) para o cálculo de distribuição de parte dos recursos da educação, submetidos a novos parâmetros de aplicação, usou a justificação de falta de dados confiáveis de matrículas para a aplicação da Lei nº. 9424/96, que instituiu o Fundo de Manutenção e Desenvolvimento do Ensino Fundamental e de Valorização do Magistério (FUNDEF). A justificativa, oferecida pelo Ministro da Educação, em subsídio ao veto presidencial, negava todo o trabalho organizador de dados da educação brasileira – inexistentes até então –, promovido pelo INEP, através do Censo Educacional anual. Apesar de o Fundo destinar-se a garantir maior equidade de recursos para a faixa de ensino obrigatório e direito de todos desde 1988, não se permitiu a sua aplicação para o enorme contingente de brasileiros excluídos dos instrumentos da leitura e da escrita, de subescolarizados e de não concluintes do ensino fundamental quando crianças, do mesmo nível de ensino.

A partir daí a luta pelo resgate do direito à inclusão no FUNDEF foi contínua, propondo a derrubada dos vetos presidenciais que impediam o uso de recursos para a EJA. Passaram-se 11 anos da promulgação da Lei, e, mesmo com o PT na chefia do executivo federal, só em 2007, a nova discussão em pauta proposta pelo executivo, por meio do gabinete da Casa Civil e alavancada pelo Ministério da Educação, de criação de um novo Fundo de Manutenção e Desenvolvimento da Educação Básica e de Valorização dos Profissionais da Educação (FUNDEB) teve êxito. O FUNDEB incluiu a EJA, embora com restrições de limite anual de matrículas/orçamento, e certamente com custo-aluno menor que nos níveis de ensino em que a EJA se apresenta como modalidade. Incluiu, ainda, a educação infantil, a educação especial e o ensino médio, fechando o ciclo da educação básica, que também se estendeu, com mais um ano no ensino fundamental. A proposta, nos moldes de ajuntamento de recursos do FUNDEF, mas sem qualquer recurso extra para o Fundo, e ainda lidando com a aprovação da Desvinculação de Recursos da União (DRU), o que significa perda de receitas da ordem de 20% na educação, não reflete a luta até então travada pelos educadores e pela sociedade, embora seja indispensável, por assumir a EJA no item do financiamento como modalidade que o Estado tem o dever de oferecer. No entanto, um largo percurso ainda há que ser completado até que o FUNDEB seja de fato um fundo para a educação básica de qualidade, nos próximos 15 anos que terá de financiá-la. Assegurar o financiamento para níveis e modalidades até então não contemplados, bem como assumir a extensão da universalização ao ensino médio, sem o que os requisitos de qualidade, como direito emergente da educação, não se fará, exige, no entanto, mobilização da sociedade e vigilância constante, face às propostas desiguais que se anunciam entre custo-aluno em área urbana e rural, EJA modalidade e níveis de ensino, por exemplo. Do mesmo modo, a realidade dos países do primeiro mundo tem demonstrado que são necessários, no mínimo, 12 a 13 anos de escolaridade para que um jovem seja, efetivamente, leitor crítico e criativo de textos e escritor de sua palavra, não da palavra dos outros.

O projeto final da LDBEN, aprovada em dezembro de 1996, entre muitas mudanças com o texto original negociado, reafirmou e ordenou em dois artigos, 37 e 38, a Educação de Jovens e Adultos, assim nomeada no Capítulo II, Seção V, abandonando de vez a perspectiva compensatória da antiga formulação do ensino supletivo, rompendo de vez com essa concepção/nominação.

Cury (BRASIL, 2000, p. 21) assim se refere ao que a Lei referendou:

> A LDB acompanha esta orientação, suprimindo a expressão ensino supletivo, embora mantendo o termo supletivo para os exames. Todavia, trata-se de uma manutenção nominal, já que tal continuidade se dá no interior de uma nova concepção. Termos remanescentes do ordenamento revogado devem ser considerados à luz do novo ordenamento e não pelos ordenamentos vindos da antiga lei. Isto significa vontade expressa de uma outra orientação para a Educação de Jovens e Adultos, a partir da nova concepção trazida pela lei ora aprovada.
>
> Do ponto de vista conceitual, além da extensão da escolaridade obrigatória formalizada em 1967, os artigos 37 e 38 da LDB em vigor dão à EJA uma dignidade própria, mais ampla, e elimina uma visão de externalidade com relação ao assinalado como regular.

E acrescenta, para justificar a EJA como modalidade da educação básica:

> A atual LDB abriga no seu Título V (Dos Níveis e Modalidades de Educação e Ensino), capítulo II (Da Educação Básica) a seção V denominada Da Educação de Jovens e Adultos. Os artigos 37 e 38 compõem esta seção. Logo, a EJA é uma modalidade da educação básica, nas suas etapas fundamental e média.
>
> O termo modalidade é diminutivo latino de *modus* (modo, maneira) e expressa uma medida dentro de uma forma própria de ser. Ela tem, assim, um perfil próprio, uma feição

especial diante de um processo considerado como medida de referência. Trata-se, pois, de um modo de existir com característica própria. (BRASIL, 2000, p. 18-19)

Reduzida a dois artigos e entendida como modalidade da educação básica, observa-se que são suficientes para estabelecer referências, porque não extensos e detalhados, não engessando as possibilidades de pensar e realizar a EJA. Para os que querem muitas definições, o risco da possível leitura aberta plena de significações, que admite múltiplos sentidos está posto, e não raro tem-se visto a mão de conselhos estaduais e municipais de educação estreitando a interpretação que o legislador, nesse caso, intencionalmente ou por acaso, deixou escapar.

Demarco aspectos que me parecem fundamentais assinalar nos artigos, como constituidores das possibilidades pelas quais se deve fazer o direito à educação para todos.

No Art. 37, o primeiro aspecto amplia a abrangência da modalidade, estendendo-a ao ensino médio, o que implica ampliar também para esse segmento a perspectiva do direito anunciada pelo Art. 4º, inciso II, que trata do direito e do dever de educar, pela "progressiva extensão da obrigatoriedade e gratuidade ao ensino médio":

> **Art. 37.** A Educação de Jovens e Adultos será destinada àqueles que não tiveram acesso ou continuidade de estudos no ensino fundamental e médio na idade própria.

No § 1º, garante-se a gratuidade e a especificidade da oferta aos jovens e adultos, ao quais se devem oferecer "oportunidades educacionais apropriadas consideradas as características do alunado, seus interesses, condições de vida e de trabalho, mediante cursos e exames". Observa-se que, nesse parágrafo, a preocupação está posta em garantir a proposta pedagógica que possa servir aos objetivos dos sujeitos alunos, tanto pelo currículo proposto quanto pelas questões estruturantes do atendimento, que dizem respeito a horários, temáticas, tempo de permanência em classe, apontando, ainda, para as formas de cursos e exames,[9] o que, se, por um lado, garante o *processo* de aprendizagem nos cursos, por outro, não exclui os exames como forma de atestar e confirmar aprendizados ao longo da vida, não necessariamente realizados na escola. Parece-me que esse entendimento, no entanto, não tem sido a tônica nos modelos de exames praticados, mesmo quando as formas de fazê-lo têm evoluído, rompendo as de massa, para avaliações em bancas, em comissões permanentes etc. Não pelos modelos, é claro, mas pelos instrumentos que, mesmo nos casos em que se buscaram alternativas mais condizentes com a realidade dos sujeitos, o "conteúdo" desses instrumentos é ainda pautado firmemente no escolar, sem chance de aferir conteúdos para além da escola, da prática cotidiana, social e cidadã.

Na leitura do § 2º, atribui-se ao poder público a viabilização e estímulo ao "acesso e permanência do trabalhador na escola, mediante ações integradas e complementares entre si". Cabe pensar, neste ponto, o que vem sendo entendido, na escola regular, como forma de garantir a permanência: programas de merenda escolar e de livros didáticos – na maioria dos casos ainda não acessíveis aos jovens e adultos. Como o texto se refere diretamente a trabalhador, depreende-se também que a intenção do legislador tenha sido, na perspectiva de fazer cumprir o direito, prever vantagens para empresas, por meio de programas que favoreçam a redução da jornada de trabalho

---

[9] Na primeira alusão a exames, a lei não os adjetiva, o que vai fazer no *caput* do Art. 38, quando os qualifica como *exames supletivos*. A discussão sobre esse sentido foi travada em plenária de fóruns temáticos (de EJA, de Financiamento, de Ensino Médio e de Formação de Professores) no Rio de Janeiro, em março 2000, com o Conselheiro Jamil Cury, da Câmara de Educação Básica do Conselho Nacional de Educação, contribuindo para a interpretação que assumiu no Parecer CEB/CNE 11 de 5 de maio de 2000 (p. 22), qual seja: "No art. 38, a concordância do adjetivo *supletivos*, do ponto de vista gramatical, é ambígua, isto é, pode referir-se tanto a ambos os substantivos – cursos e exames – como somente ao último, ou seja, somente a exames. Se a redação, do ponto de vista gramatical, dá margem à interpretação ambivalente, o novo conceito da EJA sob o novo ordenamento jurídico, considerando-se o conjunto e contexto da lei, reserva o adjetivo somente para os exames".

e acesso a classes mantidas nos próprios locais de trabalho, garantindo também a permanência. Essas condições estavam previstas no primeiro projeto da Constituição, no capítulo referente ao Trabalho, e foram umas das primeiras ideias derrotadas. Ações integradas entre MEC e Ministério do Trabalho e Emprego (MTE), de toda forma, vêm acontecendo, embora com vínculos frágeis e esparsos.

Um dos instrumentos mais fortes utilizado pelo Ministério do Trabalho (MTb, atual MTE), foi o Fundo de Amparo ao Trabalhador (FAT). Como um Fundo voltado à formação profissional, esteve sempre sob a gestão desse Ministério, regulado a partir de um comitê tripartite, formado pelo próprio Ministério, centrais sindicais representantes dos trabalhadores e dos empresários. Essa estrutura reproduzia-se no nível dos estados para a definição das políticas localizadas, e por meio dessas comissões é que se podia concorrer a recursos para projetos. A despeito dos inúmeros problemas e das críticas que essa organização do Fundo recebeu quanto às práticas e às exigências burocráticas criadas, e da dificuldade para, por exemplo, municípios acessarem recursos, um aspecto teve bastante relevância na inflexão que a política do Fundo tomou: o reconhecimento de que pouco adianta investir na formação do trabalhador, se esse trabalhador não detém um mínimo de escolaridade. Esse reconhecimento fez com que o MTb, por meio do FAT, por um certo tempo, investisse mais do que o próprio MEC em educação básica de trabalhadores, permanecendo, inclusive, como organismo responsável pela política de Educação de Jovens e Adultos, então inexistente na esfera do MEC.

Na leitura do Art. 38 explicita-se que cursos e exames supletivos serão mantidos pelos sistemas de ensino, e que nesses cursos e exames estará compreendida "a base nacional comum do currículo, habilitando ao prosseguimento de estudos em caráter regular". Mais uma vez garante-se o direito, por assegurar a igualdade e a circularidade entre cursos organizados pela modalidade EJA ou pelo ensino regular; quanto por assegurar que a aprovação em exames, mesmo sem os cursos, é garantia de continuidade. Em ambos os casos, a continuidade se pode dar tanto pela forma regular quanto pela modalidade EJA o que mantém e expressa uma conquista já presente na Lei n° 5692/71. Nos parágrafos e incisos desse artigo, ainda se legisla sobre as idades para esses exames, o que oferece a mão da lei para conter ímpetos de substituir processos educacionais escolares por provas de certificação, que na prática e sem a fiscalização do Estado, acabam por acontecer, por configurarem caminhos supostamente mais rápidos de conclusão. "Os exames, sempre oferecidos por instituição credenciada, são uma decorrência de um direito e não a finalidade dos cursos da EJA" (BRASIL, 2000, p. 22).

Devo destacar que um importante aspecto, nesses dois artigos, que possibilitam pensar a perspectiva democrática, está posto no parágrafo 1°, quando se considera a diversidade dos sujeitos. O reconhecimento dessa diversidade e as singularidades que comportam têm a ver com democracia hegemônica e suas formas de representação e a tensão que se estabelece com a participação: "a dificuldade de representar agendas e identidades específicas", no dizer de Santos (2002, p. 50), que ainda admite que:

> [...] essas questões se colocam de modo mais agudo naqueles países nos quais existe maior diversidade étnica; entre aqueles grupos que têm maior dificuldade para ter seus direitos reconhecidos (BENHABIB, 1996; YOUNG, 2000); nos países nos quais a questão da diversidade de interesses se choca com o particularismo de elites econômicas. (BORÓN, 1994)

Destaco ainda que essa pluralidade humana, reconhecida em uma concepção não hegemônica de democracia é justamente a ênfase para o que chama de uma nova gramática social e cultural, porque essa democracia não depende primeiro das determinações e da engenharia institucional para acontecer, mas exatamente o inverso: é a democracia uma forma sócio-histórica, uma forma de aperfeiçoamento da convivência humana, que implica ruptura com tradições estabelecidas, tentando instituir novas determinações, novas normas e novas leis (SANTOS, 2002, p. 50-51).

Reacendendo a esperança: a sociedade mobilizada em busca do direito à EJA

Se a perspectiva do direito já viesse sendo cumprida desde 1988, talvez os dados do Censo 2000 revelassem mudanças concretas quanto à escolarização da população. Treze anos poderiam representar alguma diferenciação nos projetos políticos que o País tem assumido pelo voto.

Também historicamente, a política quase excludente do atendimento educacional a outras faixas etárias – aliada às que favoreceram o empobrecimento das populações e mesmo a miserabilização de milhões – agravou-se, quando se analisa a realidade da educação. Somando-a aos resultados da escola brasileira que inegavelmente cresce em atendimento, mas não em sua qualidade, passa-se a produzir, com intensidade, um expressivo contingente de jovens que demandam outra modalidade de educação, então só de adultos. Isso ampliou, não apenas no Brasil, mas em diversos países, afetados pelas mesmas condições estruturais e conjunturais, o conceito de educação de adultos de antes, para o de jovens e adultos, pelo reconhecimento desses novos sujeitos como demandatários dessa modalidade de atendimento. Aponto, nesse momento, um aspecto extremamente relevante: o surgimento do segmento jovem na formulação do campo educacional que abrange. Inicialmente, a área limitava-se aos adultos, como se os jovens já não estivessem, desde sempre, incluídos nessa modalidade de educação. Os conceitos de juventude e de vida adulta, porque históricos, mudam, marcando e dissociando segmentos ocultados na área de EJA (ABRAMO, 1997; SPOSITO, 1997; PERALVA, 1997; MELUCCI, 1997; GOMES, 1997). E o que pode significar a presença ampliada do jovem em projetos dessa natureza, no sentido de formular novas enunciações conceituais?

Reconhecer a educação como um direito para todos os segmentos populacionais, independentemente de classe, raça, gênero, idade, entre outros, ainda faz parte da luta pela construção de uma sociedade cidadã e plural. Contudo, inserir a EJA efetivamente no conjunto das políticas públicas de direito ainda é um desafio para os diferentes governos e para a sociedade como um todo. Como alerta Beisiegel (1997, p. 31), "durante muito tempo ainda, as miseráveis condições de vida de amplos setores da população e as condições de funcionamento do próprio sistema no país continuarão a produzir elevados contingentes de jovens analfabetos. O sistema escolar não pode ignorá-los".

Resumindo, o MEC assumiu durante anos o não cumprimento do dever pelo Estado, sem que até hoje fosse incomodado por ferir um preceito constitucional posto como direito público subjetivo, bem como a concepção de que a EJA é tão somente a escolarização, abandonando por completo a função social da qualificação (cf. Parecer CNE nº. 11/2000), como direito a aprender por toda a vida, continuadamente. A tarefa de zelar pela Constituição, outorgada ao Ministério Público, ainda é frágil, especialmente em relação a determinada sorte de direitos. Na sociedade de consumo, em que a cidadania se confunde com o direito de ser consumidor, quase basta que se garanta a satisfação do *cliente*, motivo pelo qual se mobilizam as forças sociais.

No balanço de Dacar, em abril de 2000,[10] verificando o atingimento das metas de Jomtien, todos os demais países,

---

[10] *El Foro tenía como propósito presentar los resultados globales de la evaluación de la década de "Educación para Todos" (EPT) – lanzada en Jomtien, Tailandia, en marzo de 1990 – y aprobar un nuevo Marco de Acción, fundamentalmente para continuar la tarea. Para continuarla, pues –como ya era evidente desde mitad de la década – no se alcanzaron las seis metas que se fijaron en Jomtien para el año 2000. El Marco de Acción aprobado en Dakar esencialmente "reafirma" la visión y las metas acordadas en Jomtien en 1990 y corre ahora el plazo 15 años más, hasta el año 2015. ¿Por qué 15? Nadie puede dar una respuesta científica o un cálculo razonado* (TORRES, 2000).

inclusive os desenvolvidos, chegaram ao final da década em situação educacional mais grave do que exibiam antes de assumir os compromissos da Declaração. Constatado o descaso com a educação, fruto das políticas neoliberais que grassaram na década de 1990, redefiniram-se metas e dilataram-se os acordos para os próximos 15 anos, na tentativa de recuperar o tempo perdido.

Em janeiro de 2001, o Plano Nacional de Educação (PNE), homologado com vetos presidenciais aos recursos, nasceu frágil, sem deixar ver em curto prazo saídas possíveis para executar efetivamente um projeto emancipatório para a educação brasileira. No caso da EJA, as metas e as diretrizes precisavam de sintonia e de vontade política para que se tornassem realidade. Mais uma vez a Educação de Jovens e Adultos sofria vetos, comprometendo a construção social do direito que timidamente resistia.

Com o Governo Lula, voltou-se a pensar na EJA como prioridade, mas restrita inicialmente à alfabetização. Metas desafiadoras, recursos limitados, embora o compromisso ético com os desfavorecidos se apresentasse como irrenunciável. Entre educadores, dúvidas surgiram de toda parte, desejos foram frustrados, porque o *direito* ainda não estava posto no horizonte das políticas públicas. Alfabetizar sem a garantia da escolarização é insuficiente para alterar o quadro da desigualdade e da exclusão do direito à educação. Como sujeitos de um direito interditado socialmente, jovens e adultos, quando imersos na atividade do trabalho, são exigidos, contraditoriamente, da competência para aquilo que lhes foi interditado: saber ler e escrever. Se não são trabalhadores, o não saber ler e escrever acaba sendo a causa eficiente que lhes faz passar de vítimas a culpados.

No atual momento político e depois de passar o ano de 2003 no embate da prioridade para a alfabetização de adultos, defendida pelo MEC x continuidade da EJA, bandeira antiga dos educadores e dos Fóruns, o governo brasileiro reconheceu o movimento histórico nacional e internacional de luta em defesa do direito à educação para todos, assumindo o desafio de organizar, como política pública, especialmente, a área de EJA, não se restringindo mais ao campo da alfabetização. A partir de 2004 investiu no alargamento político da EJA, entendendo que um programa de alfabetização, sem garantir o direito à continuidade, é pouco para fazer justiça social a tantos excluídos do direito à educação. Esse ponto, no entanto, não é outorga, nem beneplácito das autoridades e dos dirigentes. É fruto da luta social organizada, da qual os Fóruns de EJA vêm assumindo estreita responsabilidade. A EJA, com o sentido de aprender por toda a vida, em múltiplos espaços sociais, responde às exigências do mundo contemporâneo, para além da escola. Como modalidade de ensino, descortina um modo de fazer educação diferente do regular, que começa na alfabetização, mas não pára aí, porque o direito remete, pelo menos, ao nível do ensino fundamental.

Desigualdade e exclusão de toda sorte na sociedade brasileira e a perspectiva de instituição de direitos definem, em verdade, a realidade da EJA, exigindo que o foco em processos educativos esteja, pois, na diversidade de sujeitos.

É para eles que os projetos de Educação de Jovens e Adultos precisam voltar-se, para além da escolarização, embora se saiba o quanto ainda se deve avançar, de modo a garantir o direito à educação negado a tantos jovens e a tantos adultos. As distâncias entre os sujeitos que têm acesso aos bens culturais, aos avanços tecnológicos e os que não têm é incomensurável, e cada dia mais se produzem apartações de toda ordem, desafiando a possibilidade de compreensão, porque imersas numa extensa e complexa rede, à espera de desvendamentos. Implica traduzir e apreender essa complexidade, não apenas ditada pelas tecnologias da informação e da comunicação, mas também pelos bens e valores que conformam a era em que vivemos: câmeras digitais de memórias que desafiam as nossas; microcomputadores de todos os tamanhos e tipos, que se levam na palma da mão;

celulares de múltiplas funções aliados e confrontados com os livros – páginas que encerram códigos de talvez mais difícil decifração, associados a crises éticas, violência, ausência de cidadania, tênue vivência democrática.

Como política pública, pensar a educação nessa modalidade implica não apenas tomar o sistema educativo formal nas mãos, mas assumir o concurso da sociedade em todas as iniciativas que vem fazendo, para manter viva a chama do direito ainda não feito prática para todos. Implica também assumir que a sociedade educa em todas as práticas que realiza, que as cidades educam, e que projetos de nação e políticas de governo têm um vigoroso papel pedagógico, se intencionalmente dispostos a transformar a realidade, incluindo a ideia de que:

> [...] *la educación y el aprendizaje de adultos conforman una clave indispensable para liberar las fuerzas creativas de las personas, los movimientos sociales y las naciones. La paz, la justicia, la autoconfianza, el desarrollo económico, la cohesión social y la solidaridad siguen siendo metas y obligaciones indispensables que habrá que seguir persiguiendo y reforzando en y a través de la educación y el aprendizaje de adultos.* (CONFINTEA, 2003, p. 22)

Educar jovens e adultos, em última instância, não se restringe a tratar de conteúdos intelectuais, mas implica lidar com valores, com formas de respeitar e reconhecer as diferenças e os iguais. E isso se faz desde o lugar que passam a ocupar nas políticas públicas, como sujeitos de direitos. Nenhuma aprendizagem, portanto, pode-se fazer destituída do sentido ético, humano e solidário que justifica a condição de seres humanizados, providos de inteligência, senhores de direitos inalienáveis.

Em movimento, a sociedade organizada representada por articulações informais em sua maioria, os Fóruns de EJA, vem resistindo às políticas e suas enunciações, propondo ações e práticas antagônicas e de compreensão ampliada em relação ao lugar que a EJA deve ocupar oficialmente. Além desses, os atores diretamente envolvidos com as ações na ponta dos processos – professores e educadores em geral – são, em última instância, os responsáveis por esses "modos de fazer", as práticas, que no cotidiano fundam e refundam as verdadeiras expressões do que é a EJA, nesse tempo histórico que busco compreender. A "reinvenção da emancipação social", no dizer de Santos (2002, p. 22-23) não pode esquecer que:

> [...] esse movimento é baseado em iniciativas locais destinadas a mobilizar lutas locais, mesmo que para resistir a poderes translocais, nacionais ou globais. [...] pode fazer esquecer que a resistência à opressão é uma tarefa quotidiana, protagonizada por gente anônima, fora da atenção e que sem essa resistência o movimento democrático transnacional não é auto-sustentável.

Os Fóruns de EJA têm resistido, como uma dessas alternativas, aos desabamentos constantes que obstruem os caminhos em construção na EJA, sedimentando, com a própria matéria que desaba, novas fundações. As ações afirmativas que vêm propondo reafirmam alguns direitos sociais diluídos e valores antes esgarçados, como a solidariedade, definem e supõem novas formas de participação cidadã, no espaço das políticas públicas municipais. Nesse espaço, a constituição do direito ao ensino fundamental para jovens e adultos vem-se fazendo lentamente, mas institucionalizando, como dever municipal, como se espera da proteção que um poder público deva oferecer à cidadania.

Referências

ABRAMO, H. W. Considerações sobre a tematização social da juventude no Brasil. *Revista Brasileira de Educação. Juventude e contemporaneidade,* n. especial 5 e 6. Rio de Janeiro: ANPEd, p. 25-36, maio -dez. 1997.

BAIA HORTA, J. S. Direito à educação e obrigatoriedade escolar. *Cadernos de Pesquisa,* n. 104. São Paulo: Cortez: Fundação Carlos Chagas, p. 5-34 jul. 1998.

BEISIEGEL, C. R. Política de Educação de Jovens e Adultos analfabetos no Brasil. In: OLIVEIRA, D. A. (Org.). *A gestão democrática da educação.* Desafios Contemporâneos. Petrópolis: Vozes, l997.

BOBBIO, N. *A era dos direitos*. Tradução de Carlos Nelson Coutinho. Rio de Janeiro: Campus, 1992.

BRASIL. *Conselho Nacional de Educação*. Parecer CEB n° 11/2000. Diretrizes Curriculares para a Educação de Jovens e Adultos. Brasília: MEC, maio 2000.

BRASIL. *Constituição Brasileira*. 5 out. 1988.

BRASIL. *Lei de Diretrizes e Bases da Educação Nacional n° 9394/96*. Brasília, 20 dez. 1996.

BRASIL. *Censo demográfico 1991*. Rio de Janeiro: IBGE, 1991.

BRZEZINSKI, I. (Org.). *LDB interpretada: diversos olhares se entrecruzam*. São Paulo: Cortez, 1997.

CONFINTEA V Mid Term, Bangkok. *La renovación del compromiso con la educación y el aprendizaje de adultos*. Informe en síntesis sobre el Balance Intermedio, Tailandia, 6–11 sept. 2003.

CURY, C. R. J.; BAIA HORTA; J. S.; FÁVERO, O. A relação educação-sociedade-Estado pela mediação jurídico-constitucional. In: FÁVERO, O. (Org.). *A educação nas Constituintes Brasileiras*. 1823-1988. 2.ed. rev. ampl. Campinas: Autores Associados, 2001. p. 5-30.

CURY, C. R. J. *Cidadania republicana e educação*. Governo Provisório do Mal. Deodoro e Congresso Constituinte de 1890-1891. Rio de Janeiro: DP&A, 2001.

ELIAS, N.; SCOTSON; J. L. *Os estabelecidos e os outsiders: sociologia das relações de poder a partir de uma pequena comunidade*. Tradução de Vera Ribeiro. Rio de Janeiro: Zahar, 2000.

FÁVERO, O. (Org.). *A educação nas constituintes brasileiras*. 1823-1988. 2. ed. rev. ampl. Campinas, São Paulo: Autores Associados, 2001.

GOMES, J. V. Jovens urbanos pobres: anotações sobre escolaridade e emprego. *Revista Brasileira de Educação. Juventude e contemporaneidade*. n. especial 5 e 6. Rio de Janeiro: ANPEd, p. 53-62, maio-dez. 1997.

HADDAD, S. A educação de pessoas jovens e adultas e a nova LDB. In: BRZEZINSKI, I. (Org.). *LDB Interpretada: diversos olhares se entrecruzam*. São Paulo: Cortez, 1997. p. 106-122.

JULIÃO, E. F. *Política pública de educação penitenciária: contribuição para o diagnóstico da experiência do Rio de Janeiro*. Dissertação (Mestrado). Pontifícia Universidade Católoca do Rio de Janeiro, abr. 2003.

MELUCCI, A. Juventude, tempo e movimentos sociais. *Revista Brasileira de Educação. Juventude e contemporaneidade*, n. especial 5 e 6. Rio de Janeiro: ANPEd, p. 5-14, maio-dez. 1997.

O GLOBO. *Juventude fora da lei*. Rio. Rio de Janeiro: O Globo, 8 ago. 2004, p. 22.

PAIVA, J. Onde a vida pode ser outra. In: CECCON, C.; PAIVA, J. (Coords.). *Bem pra lá do fim do mundo. Uma experiência na Baixada Fluminense*. Rio de Janeiro: CECIP, 2000. p. 19-43.

PERALVA, A. T. O jovem como modelo cultural. *Revista Brasileira de Educação*. Juventude e contemporaneidade. n. especial 5 e 6. Rio de Janeiro: ANPEd, p. 15-24, maio-dez. 1997.

ROCHA, M. B. M. Tradição e modernidade na educação: o processo constituinte de 1933-34. In: FÁVERO, O. (Org.). *A Educação nas Constituintes Brasileiras*. 1823-1988. 2. ed. rev. ampl. Campinas, São Paulo: Autores Associados, 2001. p. 119-138.

SANTOS, B. S. (Org.). *Democratizar a democracia*: os caminhos da democracia participativa. Rio de Janeiro: Civilização Brasileira, 2002.

SANTOS, B. S. Reinventar a democracia: entre o pré-contratualismo e o pós-contratualismo. In: OLIVEIRA, F., PAOLI, M. C. (Orgs.). *Os sentidos da democracia. Políticas do dissenso e hegemonia global*. Petrópolis, Rio de Janeiro: Vozes; Brasília: NEDIC, 1999. p. 83-129.

SEMERARO, G. *Projetos de democracia popular nas organizações da sociedade civil brasileira: impasses e perspectivas político-pedagógicas*. Projeto de pesquisa. Rio de Janeiro: UFF, jul. 1999. 16p. (mimeo).

SPOSITO, M. P. *A ilusão fecunda. A luta por educação nos movimentos populares*. São Paulo: HUCITEC: EdUSP, 1993.

SPOSITO, M. P. Estudos sobre juventude em educação. *Revista Brasileira de Educação*. Juventude e contemporaneidade. n. especial 5 e 6. Rio de Janeiro: ANPEd, mai.- dez. 1997. p. 37-52.

TORRES, R. M. *Que pasó en el Fórum de Dakar?* abr. 2000.

Alfabetização de pessoas jovens e adultas: outras miradas, novos focos de atenção[1]

Cláudia Lemos Vóvio

Ao tratar do tema da alfabetização de pessoas jovens e adultas no Brasil adentramos num campo político marcado pela luta ao direito à educação a todos. Não se trata apenas de uma discussão sobre métodos ou princípios pedagógicos, mas de uma discussão estritamente política. No caso do Brasil, onde a efetivação do direito à Educação Básica a todos ainda não se concretizou por meio de programas e políticas eficazes, a Educação de Jovens e Adultos (doravante EJA) está fortemente relacionada à universalização da educação escolar.[2]

---

[1] Trabalho apresentado na conferência Questões Metodológicas na Alfabetização de Jovens e Adultos, no evento Ceale Debate. Realização Centro de Alfabetização, Leitura e Escrita (Ceale) da Faculdade de Educação da Universidade Federal de Minas Gerais, Brasil, em 22 de agosto de 2006.

[2] A Constituição Federal de 1988 dispõe sobre a Educação de Jovens e Adultos no artigo 208, no qual estende a garantia do Ensino Fundamental, obrigatório e gratuito, aos que a ele não tiveram acesso na idade própria. Também a Lei de Diretrizes e Bases da Educação Nacional (nº 9394/96), art. 37, estabelece a responsabilidade dos sistemas de ensino de assegurar aos jovens e adultos gratuitamente oportunidades apropriadas, mediante cursos presenciais ou semipresenciais e exames.

A problemática do analfabetismo juvenil e adulto e os baixos níveis de escolarização da população constatados nas pesquisas censitárias dizem respeito a uma grande dívida social ainda não equacionada e permitem visualizar as dimensões deste desafio no âmbito educacional: em 2000, dois terços da população brasileira com 15 anos ou mais (cerca de 71 milhões) não haviam atingindo oito anos ou mais de estudo ou completado o ensino fundamental, escolaridade mínima garantida pela Constituição Federal (FERRARO, 2002). Tais questões referem-se a uma parcela significativa da população jovem e adulta, abrangendo majoritariamente os segmentos empobrecidos e em situação de maior vulnerabilidade social.

A escolarização e a alfabetização não são compreendidas como determinantes da participação social e do acesso aos bens da cultura, mas têm consequências para os sujeitos nas atividades sociais e nos usos que fazem da escrita, principalmente porque coloca os não alfabetizados e não escolarizados em desvantagem e lhes atribui estigma social. Em sociedades contemporâneas, em diferentes âmbitos de convivência e interação, as pessoas são confrontadas com situações em que a escrita está presente, com demandas cada vez mais sofisticadas relativas ao domínio de competências para o uso efetivo dessa linguagem. Se a educação escolar tem sido considerada como principal instância para o desenvolvimento de tais competências e para o compartilhamento de práticas sociais de uso da escrita, como a leitura, é necessário compreender a razão da permanência de um número tão expressivo de brasileiros excluídos do compartilhamento dessas práticas altamente valorizadas e com consequências para atribuição e ocupação de lugares sociais por esses sujeitos.

Neste artigo, discorremos sobre as atualizações que a alfabetização sofreu ao longo dos últimos 25 anos e as implicações que trouxeram para a organização de programas que visam a promoção da alfabetização, bem como para as ações educativas que se desenvolvem junto a pessoas jovens e adultas pouco ou não escolarizadas. Indicaremos, ao final, alguns focos de atenção que tomamos como balizas para orientar desde a construção das finalidades de programas educativos, a formação de educadores, até as propostas pedagógicas que se pretendem realizar com os estudantes. Antes, porém, traçaremos um breve panorama do complexo território da EJA no Brasil, discutindo suas dimensões e os modos como a alfabetização de pessoas jovens e adultas tem sido interpretada e concretizada.

Dimensões do território:
os dados do analfabetismo no Brasil

Para além da pobreza e da insuficiência de renda, a exclusão social também se manifesta de outras formas. O analfabetismo ou a impossibilidade de educar-se ou de manter-se em processos educativos são também manifestações da exclusão social. Estima-se que "mundialmente exista 1,6 bilhão de pessoas pobres, sendo mais da metade delas analfabetas" (POCHMANN *et al.*, 2004, p. 48). Nem todos os analfabetos encontram-se em situação de pobreza, mas as possibilidades tanto de participação dessas pessoas na sociedade quanto de garantia de seus direitos sociais são afetadas pela falta ou pelo pouco estudo.

Sendo um produto da linguagem, os termos analfabeto e analfabetismo não só nomeiam, classificam e qualificam, como representam sujeitos e sua condição a partir da negatividade, por faltas, incapacidades, deficiências, impossibilidades, entre outros qualificadores. Porém, mais do que representá-los, a linguagem produz a realidade. Nomear é uma construção social, que, nesse caso, tem por finalidade distinguir e selecionar segmentos específicos da massa da população e estabelecer um parâmetro sobre suas condições de participação e ação social.

O analfabetismo em sua dimensão quantitativa tem sido captado por censos populacionais e por pesquisas de medição e avaliação de habilidades em práticas sociais de uso da linguagem escrita.[3] Essa abordagem apresenta várias limitações no que tange ao potencial informativo dos dados obtidos e ao potencial explicativo sobre o próprio fenômeno que se quer identificar (o estado ou condição das pessoas em suas relações e atividades sociais). Assim, o processo de medição é também um construto histórico e ideológico e, como tal, à mercê de escolhas permeadas por relações de poder, que afetam desde as formas de obtenção dos dados (por meio das perguntas que se faz à população), os significados que os envolvidos atribuem à atividade social, até a abordagem e análise de seus resultados. Pode levar, por exemplo, à discriminação de grupos quanto às suas capacidades individuais e possibilidades sociais, bem como resultar na identificação de lacunas e problemas sociais de ordem mais ampla que afetam a vida de uma parcela significativa da população.

Segundo o trabalho coordenado por Di Pierro, em 2003, analisando os compromissos e resultados frente à EJA no Brasil, se estudados de modo estratificado, os dados atuais sobre analfabetismo podem informar como foi sendo construída a grave desigualdade interna no País. Podem informar que em determinadas regiões é um desafio mais difícil de enfrentar do que em outras, bem como se apresenta diferentemente em grupos com renda mais baixa ou mais alta, em grupos étnicos, em grupos etários, em homens e em mulheres:

> [...] o analfabetismo absoluto atingia [2000], em todo o país cerca de 16 milhões de pessoas com 15 anos e mais (13,6% desse grupo etário). Na Região Nordeste este índice subia para 26, 2%. Já na Região Sul, caía para 7,7%. Considerando apenas a população que vive nas zonas rurais do país, 29,8% dos jovens e adultos eram

---

[3] Ver, por exemplo, Ferraro (2002 e 2003), KLEIMAN (2001), Relatórios da Pesquisa Nacional INAF (Instituto Paulo Montenegro e Ação Educativa), RIBEIRO (1999a e 2003), SOARES (1998).

analfabetos absolutos, enquanto nas zonas urbanas esse índice era de 10,2%. A zona rural nordestina registrava o maior índice de analfabetismo absoluto do Brasil: 42,6%. (DI PIERRO, 2003, p. 49)

Estratificados, os dados censitários, revelam a desigualdade econômica e de condições de vida das pessoas pertencentes a variados grupos sociais. A condição de renda é o fator mais preponderante nos níveis de alfabetização e escolarização da população, afetando de modo decisivo as oportunidades de acessar e manter-se na educação escolar. O índice de analfabetismo em famílias com renda inferior a um salário-mínimo mensal é de 28,8%, contra 4,7% para famílias com rendimento entre cinco e dez salários mínimos. Assim, o fenômeno do analfabetismo expressa-se com maior vigor em regiões nas quais se concentram segmentos da população em condição de pobreza.

A autora aponta que os dados também revelam desigualdades históricas entre etnias no Brasil. Em 2000, a taxa de analfabetismo para a população negra era de 20%, contra 8,3% para a branca, por exemplo. Os dados indicam também desigualdades nas condições de vida entre pessoas pertencentes a diversas faixas etárias. A maior concentração de analfabetos (48,7%) encontrava-se no grupo com idade acima de 50 anos, mas também se manifesta em grupos mais jovens: 2 milhões de jovens entre 15 e 24 anos e 1,4 milhão de adolescentes de 10 a 14 anos eram analfabetos.

Haddad e Di Pierro (2006, p. 2) afirmam que

> [...] as oportunidades educacionais da população jovem e adulta brasileira continuam a ser afetadas por fatores socioeconômicos, geracionais, étnicos e de gênero que se combinam para produzir acentuados desníveis educativos.

Nessa perspectiva, a dimensão quantitativa do analfabetismo tem o potencial de revelar, não a condição de letramento das pessoas, mas a extensão dos problemas sociais brasileiros no início do século XXI: a concentração de renda, o acirramento das desigualdades sociais, a precariedade das condições de vida e trabalho, os avanços e as rupturas no processo de expansão da educação básica, a exclusão e o empobrecimento de milhões de brasileiros. Não se trata de um problema residual, mas de uma questão que se perpetua e decorre do modelo econômico brasileiro.

O analfabetismo relaciona-se à distribuição de poder e de oportunidades na sociedade, excluindo, pela distinção criada pela escolarização, milhões de pessoas de práticas sociais valorizadas. Numa mirada crítica pode-se compreender que as construções no campo da estatística não são somente numéricas e formais (resultados de contagens e operações matemáticas), mas possuem um caráter ideológico, que por vezes não é reconhecido suficientemente. Pode-se compreender como as leis e as políticas públicas têm lidado de modo ineficaz com suas decorrências e indicar os desafios que devem ser enfrentados no campo educacional.

Palmilhando um território complexo: a EJA e a alfabetização de pessoas jovens e adultas

Há diversos planos nos quais se pode retratar a EJA, e a forma como é enquadrada tem implicações para a definição de quais ações educativas podem tomar parte desse conjunto e quem são os agentes convocados e/ou autorizados[4] a atuar nesse território. Numa acepção ampla de educação, que se estende por variados âmbitos da vida social e engloba processos diversos de formação humana, a EJA não é nova no País. Nessa

---

[4] Os termos *convocados* e *autorizados* foram utilizados para conotar a complexidade do processo de profissionalização de educadores de jovens e adultos na história recente do País. Trata-se de um território em que diversos profissionais, com níveis de escolarização, formações e estatuto profissional variados, são admitidos em ações educativas de natureza diversa, de campanhas de alfabetização massivas, predominantes no século XX, até processos de formação política, socioeducativa e profissionalizantes em âmbitos formais e informais.

perspectiva, essa modalidade apresenta-se como "um campo aberto a todo cultivo e onde vários agentes participam" (ARROYO, 2005, p. 19), tendo como uma de suas bases fundamentais iniciativas de origem não estatal, organizadas por entidades religiosas, políticas, sindicais, associativas, comunitárias e por empresas privadas, entre outras.

Essa diversidade de iniciativas se concretiza em contextos sociais e históricos específicos, sendo possível organizá-la a partir das finalidades assumidas, das instituições e dos diversos âmbitos sociais onde se desenvolve, das atividades a que se propõe, nos mais variados ambientes, com lugares para os sujeitos que dela participam. Numa acepção ampla perdem-se de vista as fronteiras das ações educativas da EJA, porque esta se estende a inúmeros âmbitos de socialização, portanto abarca um universo variado de educadores e formadores. Porém, quando conectada à escolarização, apresenta-se como uma modalidade destinada aos que não tiveram acesso ou não puderam completar os estudos na Educação Básica. No Brasil, esse território abarca um enorme contingente de pessoas, que são bastante heterogêneas quanto às suas características sociais e necessidades formativas, mas têm um aspecto em comum: não corresponder às expectativas sociais conectadas à escolarização e aos diversos usos da linguagem escrita. Essa condição afeta suas vidas em relação aos lugares que ocupam em eventos mediados pela escrita, ao acesso e usufruto de bens da cultura escrita e às possibilidades e recursos de que podem lançar mão para agir nos mais variados âmbitos sociais. São identificadas como analfabetas pela falta de conhecimentos e/ou pouca familiaridade com a linguagem escrita e, por essa razão, serão reconhecidas socialmente de modo diferente.

Como construção social, os discursos sobre os pares alfabetização/alfabetizados e analfabetismo/analfabetos têm relação direta com as possibilidades de construção identitária e de objetivação de quem se é, da ocupação de lugares e posições em variados âmbitos de convivência social, das percepções sobre si e sobre o outro e de atribuição de sentidos às ações e aos modos de participação na sociedade. Jovens e adultos que não sabem ler e escrever, ou que o fazem precariamente, têm suas identidades afetadas pelo conjunto de valores, de normas e de significados sociais subjacentes a essas práticas e estão posicionados diferentemente daqueles que leem e escrevem em sociedades letradas.

Quando se observa a EJA como uma modalidade educativa da esfera de ação do Estado, constatam-se, em grande medida, as descontinuidades entre o proclamado no campo legal e sua concretização por meio do desenho e implementação de políticas educacionais. Essa perspectiva revela – além do descaso frente aos compromissos firmados historicamente nas cartas constitucionais brasileiras, Planos de Educação e em acordos internacionais dos quais o País é signatário[5] – a fragilidade da sociedade na exigibilidade de seus direitos. Esse quadro pode ser compreendido, segundo Beisiegel, quando se toma a distância entre o ideal estabelecido na legislação e a capacidade de realização dessa esfera; daquilo que efetivamente pode ser cumprido.

> Quando a distância entre os deveres e a capacidade de realização se acentua em demasia, o poder imperativo da lei se relativiza, podendo levar na prática ao descomprometimento do Estado diante de suas obrigações educacionais. (BEISIEGEL, 1997, p. 28)

Ainda que a legislação educativa tenha reconhecido a especificidade da EJA, estabelecendo padrões mais flexíveis para seu funcionamento, organização curricular e formas de avaliação e permitindo modalidades de educação a distância, ela esteve durante a maior parte de sua história relacionada de

---

[5] Ver, por exemplo, a Declaração Mundial de Educação para Todos da qual o Brasil é signatário e se compromete frente à extensão do direito educativo para todos, em 1990.

modo restrito à alfabetização e sob forte influência de duas concepções dicotômicas, ambas permeadas pela correlação entre educação e mudança social. Uma delas é a educação como meio de emancipação e transformação das pessoas e sociedades, advinda das experiências do território da educação popular (ARROYO, 2005; KALMAN, 2000). O paradigma emancipatório e as experiências inovadoras de alfabetização e de EJA constituem-se no legado da educação popular, porém com repercussões ainda tênues nas redes estaduais e municipais de ensino e programas de alfabetização de tipo escolar. A outra é a educação compensatória, orientada para recuperar o "atraso"[6] educativo de pessoas que não puderam estudar em idade "própria", como fortes traços do modelo e formato da educação regular.

As proposições do Estado para lidar com esse desafio no campo educacional por meio de programas nem sempre se mostram viáveis e compatíveis com as necessidades dos sujeitos envolvidos (KALMAN, 2000; TORRES, 2001). A concretização de ofertas educativas homogêneas (de mesmo tipo e com conteúdos e aprendizagens presumidas como necessárias para os envolvidos) e desarticuladas resulta que, numa mesma localidade, sejam encontradas ações educativas semelhantes, com mesmas finalidades e formatos, sem que se atinjam e atendam aos interesses e necessidades de grupos específicos, como os jovens, as mulheres ou os trabalhadores. Os conteúdos e as propostas pedagógicas elaboradas muitas vezes reproduzem de modo aligeirado currículos e programas da educação regular, consideram apenas as culturas tomadas como legítimas e negam aquelas dos grupos a que se dirigem. Além disso, nem

---

[6] O termo *atraso* encontra-se entre aspas, pois, em nossa sociedade, um dos discursos correntes é que as crianças e adolescentes devem ocupar os bancos escolares. A impossibilidade de acessar e permanecer em processos de escolarização é muitas vezes tomado como de responsabilidade dos indivíduos, como um problema de atraso a ser compensado na vida adulta, de modo abreviado.

sempre possuem em seu horizonte as necessidades básicas de aprendizagem e a bagagem experiencial dos diretamente envolvidos nessas ações educativas. Como consequência, muito dos programas atuais (de alfabetização, de ensino supletivo ou voltados à reposição da escolaridade ou à formação profissional) e suas respectivas ações educativas acabam por inviabilizar tanto a permanência dos sujeitos quanto a realização de aprendizagens significativas, conectadas às necessidades, aos interesses e contextos em que se desenvolvem. Outro efeito negativo desse paradigma é a perspectiva assistencialista adotada em programas de alfabetização e na EJA, apontada por Fávero, Rummert e De Vargas (*apud* RIBEIRO, 1999b, p. 189), concebendo-a

> [...] como uma ação de caráter voluntário, marcado por um cunho de doação, favor, missão, e movida pela solidariedade tal como concebida na perspectiva liberal de ajuda aos mais pobres, de caridade para com os desfavorecidos.

Outro elemento contraditório na configuração do território da alfabetização e da EJA no que diz respeito às metas e objetivos delineados em políticas e programas diz respeito à atribuição da ação alfabetizadora, conferida ao longo da história a um amplo universo de pessoas. Traçar um perfil e discorrer sobre a atribuição educativa dos agentes que atuam em programas de alfabetização de jovens e adultos é um objetivo difícil de ser alcançado. Há uma grande variabilidade de agentes sociais a quem se delega a alfabetização e os processos formativos das pessoas jovens e adultas. Os agentes que atuam nesse território têm sido designados de formas variadas: educadores, educadores populares, monitores, instrutores, capacitadores, alfabetizadores, professores, formadores de adultos, agentes socioeducativos, entre outros. As várias designações não só denotam a diversidade de atribuições e funções que assumem, mas também expressam o modo como se compreende o processo de profissionalização desses agentes. Comumente são denominados professores aqueles que atuam diretamente na educação escolar, em sistemas públicos e privados de ensino, e as outras denominações são aplicadas aos programas organizados pela sociedade. A diferenciação não se encontra apenas no lócus de atuação docente – a escola ou ambientes de educação não formal –, mas diz respeito às condições de trabalho e ao estatuto profissional. No caso daqueles que atuam em programas de origem popular, a maioria trabalha em condições diferenciadas de contratação e remuneração. São voluntários, estagiários ou prestadores de serviço com vinculação precária e contam com remuneração abaixo dos pisos salariais estabelecidos para os professores.

Segundo Ribeiro (1999b), em teses e dissertações produzidas nas duas últimas décadas do século XX na área da Educação, a falta de formação específica[7] dos educadores tem sido apontada como um dos principais problemas das experiências educativas que se levam a cabo na alfabetização e EJA. Nesse território, de um lado, encontram-se profissionais da educação, que majoritariamente não contaram em sua formação inicial com cursos e disciplinas voltadas para a atuação em processos de alfabetização e aprendizagem de pessoas jovens e adultas, que apoiam suas práticas em experiências e saberes construídos na educação regular para crianças e adolescentes. De outro lado, aqueles leigos, que constroem sua ação docente por vias alternativas às dos profissionais da educação.

---

[7] É o que indica o "estado da arte" da educação de adultos sobre a produção acadêmica no período de 1986 a 1998 (HADDAD, 2000): foram relacionadas 222 teses e dissertações sobre a Educação de Jovens e Adultos, com abordagem predominante nos estudos que se situam nos campos da sociologia, da política e da filosofia da educação; 25% dos estudos referiam-se aos campos da pedagogia e da psicologia da educação. Somente 23 pesquisas tratavam da formação e da prática docente, indicando a falta de formação específica dos educadores como problema das ações educativas nesse território, tanto na formação inicial daqueles que atuam no ensino supletivo como na formação continuada em programas educativos formais e informais.

Essas contradições expõem elementos de complexidade do território da EJA e dos programas que visam à promoção da alfabetização. Colocam em xeque a competência docente para a realização das atribuições que os alfabetizadores assumem, em especial quando se observam as mudanças que se operaram nos sentidos e nas funções da alfabetização em nossa sociedade atual. Também se expressam nas condições adversas em que vários educadores e professores atuam, responsabilizando-se pela organização, funcionamento e infraestrutura das turmas.

Alfabetização em movimento: as décadas de 1980 e 1990

Não pretendemos abarcar o conjunto de proposições, pesquisas e investigações que ocuparam o território das políticas públicas, da pesquisa acadêmica, da formação de educadores e dos programas de alfabetização, já que no período assistiu-se a uma profusão de trabalhos que discorrem sobre a alfabetização. Nossa intenção é destacar algumas das contribuições que têm sido fundamentais em nossa ação educativa[8] para rever modos de organizar, implementar programas de alfabetização e formar educadores de pessoas jovens e adultas.

EDUCAÇÃO PARA TODOS: O PLANO INTERNACIONAL

No plano internacional, dois grandes destaques do período são as proposições sobre educação básica e alfabetização feitas na Conferência Mundial de Educação para Todos (JOMTIEN, TAILÂNDIA, 1990) e a V Conferência Internacional de Educação de Adultos (HAMBURGO, 1997), que reafirmaram o direito de todos à educação ao longo de toda a vida. Contraditoriamente

---

[8] Na assessoria a programas de EJA e alfabetização, na formação de educadores e na produção de materiais didáticos no Programa de Educação de Jovens e Adultos, da ONG Ação Educativa, no período de 1994 a 2005 (www.acaoeducativa.org)

às orientações da reforma administrativa e educacional, acordos internacionais foram firmados,[9] e planos educativos foram elaborados[10], unindo governos, instituições e organizações da sociedade, com vistas ao alcance da meta de efetivar o direito à educação para todos e a definição de princípios que deveriam reger as ações educativas voltadas a populações não ou pouco escolarizadas. A alfabetização de jovens e adultos, nesses documentos, foi apontada como um território estratégico para fazer frente à exclusão e à desigualdade social, e, desse modo, assegurar a garantia dos direitos humanos, a participação cidadã, a valorização da diversidade cultural, da solidariedade entre os povos e a não discriminação.

Como assevera Torres (2001), a noção de alfabetização proposta em Jomtien – entendida como instrumento singularmente eficaz para a aprendizagem, para o acesso e a elaboração da informação, para a criação de novos conhecimentos e para a participação na própria cultura e na cultura mundial nascente – não é a materializada nos programas e na s práticas de alfabetização. No Brasil, mesmo que as proposições da Conferência tenham influenciado até legislações do campo educacional,[11] muitos programas e ações adotaram uma concepção restrita, reduzida à decifração do código escrito – uma visão instrumental, neutra e técnica de alfabetização.

---

[9] Ver, por exemplo: Declaração Mundial de Educação para Todos (1990); V Confintea – Conferência Internacional de Educação de Adultos (1997); Fórum Mundial da Educação (2000).

[10] O Plano Nacional de Educação, aprovado em janeiro de 2001, que tem por finalidade orientar as ações do Poder Público nas três esferas da administração, estabeleceu 26 metas para Educação de Jovens e Adultos. Destacam-se as seguintes: (a) alfabetizar, em cinco anos, 10 milhões de analfabetos, de modo a erradicar o analfabetismo em uma década; (b) assegurar, em cinco anos, a oferta de EJA no primeiro segmento do ensino fundamental para 50% da população de 15 anos ou mais; (c) assegurar, até o final da década a oferta de cursos equivalentes ao segundo segmento do ensino fundamental para toda a população de 15 anos ou mais; (d) dobrar, em cinco anos, e quadruplicar, em dez, a capacidade de atendimento nos cursos de EJA de nível médio.

[11] Ver a Lei de Diretrizes e Bases da Educação Nacional (9.394/1996).

Persistem iniciativas que se assemelham às campanhas de alfabetização empreendidas no século XX, de curta duração e desarticuladas de outros programas nos quais jovens e adultos possam dar continuidade ao processo de aprendizagem. Assiste-se a um avanço muito limitado no aumento de vagas para o seu ingresso nos sistemas públicos de educação para completar os estudos no ensino fundamental, bem como pouco investimento em programas educativos variados para esses sujeitos. Em 2004, no Brasil, somente 3.419.673 de pessoas estavam matriculados no ensino fundamental de jovens e adultos (2,2%).

Predomina nessas ações uma visão técnica, que limita o problema da alfabetização ao mero domínio do mecanismo de escrita. Muitos desses programas espelham-se no modo como tradicionalmente a escola funciona e promove o ensino. Adotam um único método para alfabetizar, utilizam textos construídos artificialmente para aquisição da leitura e da escrita, lidam com uma visão única de leitor, privilegiam um tipo de escrita e uma única norma para a fala (Ferreiro, 1995). A ênfase do processo educativo recai sobre o ensino: a transferência de conhecimentos linguísticos a pessoas que nada ou pouco sabem sobre a linguagem escrita.

Em muitas dessas iniciativas, a alfabetização associa-se à incorporação de jovens e adultos não escolarizados às estruturas sociais. Saber ler e escrever é tomado como ferramenta capaz de por si só levar à prosperidade e ao bem-estar social, à melhor atuação profissional, ao cuidado consigo e com a família. Porém, a mera aquisição de conhecimentos e habilidades não é suficiente para alcançar tal proposição; são necessárias iniciativas articuladas a outras políticas e a mudanças sociais mais amplas.

Em contrapartida, as noções de alfabetização e educação assumidas em Jomtien e Hamburgo associam-se a uma visão ampla de educação, que se estende ao longo de toda a vida; portanto consideram que as pessoas estão permanentemente se educando em diversos âmbitos sociais, para além da escola. Em vez de respostas educativas uniformes e descontextualizadas, programas educativos, inclusive os de alfabetização, deveriam estar conectados às necessidades básicas das populações e, por isso sua organização deveria ser tão diversa quanto as singularidades dos contextos onde ocorrem e dos grupos atendidos.

Coerentes com essa visão ampla de educação, as respostas dos programas precisariam ser orientadas para a criação de múltiplas e variadas oportunidades de aprendizagem, para a valorização dos saberes prévios e cultura dos jovens e adultos e para o conjunto de aprendizagens que extrapolam áreas do conhecimento. Deveriam abarcar ainda processos formativos diversos, que visam o desenvolvimento comunitário, a formação política, a geração de emprego e renda, entre outros.

LETRAMENTOS E AS IMPLICAÇÕES PARA A ALFABETIZAÇÃO

No mesmo período, disseminam-se no País as pesquisas e estudos que buscavam compreender a diversidade de formas, os usos e os impactos da aquisição da linguagem escrita (KLEIMAN, 1995). As pesquisas sobre o conjunto de práticas sociais relacionadas aos usos, à função e aos possíveis efeitos da aquisição da escrita na sociedade, empreendidas a partir de então, que concebem o letramento como algo necessariamente plural,[12] trouxeram grandes contribuições para a superação de uma visão técnica e instrumental da alfabetização.

A alfabetização deixou de ser considerada como pré-requisito para a participação em situações em que a linguagem escrita é central, pois mesmo pessoas que não dominam a escrita tomam parte em situações em que esta linguagem está presente, refletem sobre seus usos e criam estratégias para essas situações (KLEIMAN, 1995; SOARES,1998). Muitos desses

---

[12] Ver, por exemplo, KALMAN (2000), KLEIMAN (1995), RIBEIRO (1999a) e SOARES (1998).

estudos demonstraram que as pessoas, ao compartilhar dessas práticas, apreendem formas de participação, desenvolvem capacidades, conhecimentos e atitudes advindos da própria situação de comunicação. E é a partir dessas vivências, nas quais a linguagem escrita é central, que elas constroem representações, apreendem comportamentos, gestos, valores e conhecimentos, descobrem papéis, funções e modos de atuar em cada situação. Em especial, se propiciou o questionamento de efeitos homogêneos da aprendizagem da escrita sobre os sujeitos (OLIVEIRA; VÓVIO, 2003; VÓVIO, 1999), e se destacou a constatação de que as pessoas constroem conhecimentos sobre a escrita, antes mesmo de ocuparem os bancos escolares.

A alfabetização também passou a ser considerada como uma ferramenta importante para o uso efetivo e competente da leitura e da escrita, envolvendo aprendizagens que não se restringem à decodificação, mas remetem ao saber usar a leitura e a escrita em diferentes situações. Muda-se o foco de atenção no processo de alfabetização: da linguagem escrita em si para as práticas e situações em que a escrita é central; reconhece-se que, simultaneamente à aquisição da escrita, apreende-se a diversidade de seus propósitos e usos sociais.

Reconheceu-se ainda que os atos de falar, ler e escrever envolvem conhecimentos distintos e são determinados pela situação comunicativa, pela instituição em que ocorrem e pelo contexto onde são forjados. Utilizar a escrita com sucesso exige, então, a apropriação de regras e normas das instituições que legitimam essas práticas, o que envolve habilidades muito mais complexas que o mero uso do alfabeto. Essas práticas referem-se a processos de aprendizagem de longo prazo, nos quais as pessoas podem participar de diferentes atividades, experimentar papéis diversos (de orador, leitor, escriba, por exemplo) e interagir com os outros. Implicam obter e lidar com conhecimentos linguísticos, com conhecimentos relacionados às atividades de que as pessoas compartilham em diferentes esferas da vida, com conhecimentos e informações sobre o tema ou assunto em questão e ainda com aqueles próprios da situação comunicativa e do contexto de produção (os interlocutores envolvidos, o meio privilegiado, o objetivo, o lugar daquele que diz, os estilos e o léxico, a forma como a comunicação se estabelece, entre outros) (KLEIMAN, 2001).

Nesse sentido, os processos de aprendizagem deveriam focalizar as práticas culturais relacionadas à escrita e suas variadas modalidades de uso, para além daquelas de que tradicionalmente a escola se ocupou. O processo de alfabetização, nessa perspectiva, colabora para que as pessoas possam transitar com familiaridade, entre diversas práticas sociais de uso da linguagem e em diferentes instituições. Contribui para que as pessoas saibam buscar conhecimentos e informações para continuar aprendendo ao longo da vida.

As proposições de Jomtien e as contribuições advindas das pesquisas sobre letramento acarretam uma série de consequências para o desenho de políticas educacionais e para a organização de programas educativos. Apontam para a necessidade da conexão destes com práticas sociais, em especial, com aquelas que se mostram relevantes e necessárias para os estudantes.

Apesar dessas contribuições, há uma longa distância entre os pressupostos assumidos em programas de alfabetização e os modos como são concretizados – na organização e no funcionamento do ensino, nas práticas pedagógicas que se empreendem, nos materiais didáticos que utilizam, nas interações que se estabelecem entre educadores e estudantes e nos resultados que se obtêm. A atribuição educativa assumida por diversos programas implica o desenvolvimento de práticas pedagógicas que respondam com eficiência às demandas sociais relativas aos letramentos.

Seis focos de atenção

No desenvolvimento de práticas pedagógicas coerentes com as sucessivas atualizações pelas quais a alfabetização passou e vem passando, há pelos menos seis aspectos que merecem a atenção de gestores, educadores, formadores e de todos os envolvidos em ações educativas que pretendem contribuir para minimizar o analfabetismo.

ATENÇÃO À POSSIBILIDADE DE CONTINUIDADE DOS ESTUDOS

O primeiro aspecto que merece atenção diz respeito à possibilidade de dar continuidade aos estudos em níveis de escolarização mais elevados, em programas socioeducativos diversos e naqueles organizados em âmbitos não escolares. É sabido da importância de poder aplicar aprendizagens recém-adquiridas, em diversos âmbitos e com variadas finalidades, o que problematiza ações pontuais e de curto prazo. Assim, é fundamental vislumbrar, para além dos processos de alfabetização, outras possibilidades de aprendizagem voltadas aos interesses e às necessidades de pessoas jovens e adultas, nas quais possam não somente aplicar aquilo que aprenderam, mas adquirir e realizar novas aprendizagens.

Decorrem pelo menos duas implicações. A primeira refere-se à criação de um conjunto de programas viáveis e compatíveis às necessidades dos sujeitos envolvidos, que devem variar de acordo com as realidades locais e as conjunturas sociais em que estão imersos. Ofertas educativas homogêneas e desarticuladas resultaram até agora problemáticas e pouco efetivas, já que podem inviabilizar tanto a permanência dos sujeitos quanto a realização de aprendizagens significativas e conectadas às necessidades, aos interesses e aos contextos em que se desenvolvem. Portanto, é preciso inovar nos desenhos de programas a partir de um princípio norteador: **a consideração do conjunto dos sujeitos envolvidos**. É preciso criar programas **com** os envolvidos, nos quais suas necessidades sejam consideradas e tornem-se ponto de partida e pilar para a elaboração de propostas para promover a alfabetização.

A segunda refere-se à revisão de conteúdos e aprendizagens previstos no processo de alfabetização, que devem oferecer oportunidades para que as pessoas ampliem conhecimentos a partir da reflexão sobre funcionamento da escrita; da familiaridade com um conjunto variado de situações de fala pública; da reflexão e da análise sobre as variedades regionais e sociais da língua; de situações diversificadas de uso da escrita; da familiaridade com um conjunto amplo de textos, seus contextos de produção, circulação e possibilidades de recepção; do desenvolvimento de estratégias de leitura; de vivências e atividades de exploração dos textos; de propostas voltadas à produção escrita.

Passaríamos, então, de propostas presumidas como necessárias e tidas como boas para os sujeitos, para a criação de propostas fundadas no diálogo entre os envolvidos e no diagnóstico de necessidades locais, que propiciem a intervenção e a mudança pelos próprios sujeitos da ação educativa.

Atenção aos patrimônios culturais dos estudantes

O segundo foco de atenção diz respeito à consideração de que pessoas jovens e adultas não escolarizadas são portadoras de cultura e produzem cultura, o que exige, por um lado, identificar os conhecimentos, os valores, as representações, as expectativas e as habilidades que possuem, e, por outro, investigar as situações que vivenciam e como participam delas, o contexto em que estão inseridas e as atividades a que se dedicam. Implica reconhecer que jovens e adultos possuem patrimônios culturais relacionados às suas biografias, aos grupos sociais a que pertencem, ao contexto em que vivem, entre outros aspectos.

Mais do que tematizar a diversidade cultural nas aulas e propostas pedagógicas, é preciso considerar que a diversidade cultural se expressa de variadas formas: no modo como se expressam, nos significados que atribuem ao processo de aprendizagem, no modo como percebem a si mesmos e aos outros, nos interesses que possuem, nas questões que afetam sua vida e no modo como se posicionam socialmente, entre tantos outros. Reconhecer essa diversidade e levá-la em conta nas ações educativas implica considerar que no processo de alfabetização as pessoas se reposicionam socialmente; modificam o modo como percebem a si mesmas e como são vistas e aceitas socialmente, o que gera consequências para suas identidades.

Atenção à aprendizagem

O terceiro foco diz respeito à superação da ideia de que educação se faz por meio da transferência, por meio de práticas uniformes, organizadas de modo independente das capacidades, e das expectativas dos sujeitos. No caso específico da alfabetização, implica aportar situações comunicativas, como aquelas nas quais as pessoas leem, escrevem e falam no mundo social. As aprendizagens de leitura e escrita parecem ser mais significativas fora da escola, porque reais para as pessoas, contextualizadas, respondem às necessidades, guiam-se por objetivos, têm funções. São práticas dependentes das situações de uso da escrita, que se conectam a projetos e necessidades dos grupos atendidos e atendem a exigências impostas pela sociedade.

Implicam, portanto, a criação de múltiplas oportunidades de aprendizagem diversificadas e estreitamente relacionadas ao conhecimento que se tem da bagagem cultural dos estudantes, isto é, do patrimônio pessoal que se coloca em jogo quando se depara com novas aprendizagens.

Atenção ao que significa alfabetizar

O quarto aspecto implica superar a noção de que o processo de alfabetização concentra-se em ler para aprender a ler, em escrever para aprender o funcionamento da escrita. É preciso abarcar aprendizagens que promovam o desenvolvimento de habilidades e atitudes que permitam às pessoas participar com relativo grau de autonomia de práticas comuns de uma sociedade letrada.

As práticas de alfabetização deveriam promover a leitura e a interpretação e a produção de uma ampla diversidade de textos, o enfrentamento de variadas situações comunicativas, o reconhecimento dos desafios e problemas que se colocam ao produzir uma mensagem escrita (grafar, organizar o texto, selecionar o vocabulário, usar pontuação etc.), a reflexão sobre a linguagem, convertendo-a em objeto de análise e estudo, tendo em vista a comunicação e a interação entre as pessoas. Para se tornar de fato um usuário da escrita é preciso experimentar um conjunto amplo de situações nas quais a leitura e a escrita são centrais e necessárias. Implica uma profunda revisão das estratégias que se levam a cabo nas ações educativas *vis-à-vis* a cultura escrita e as práticas que se constituem como relevantes para os sujeitos.

Atenção à formação dos educadores

O quinto foco de atenção diz respeito à revisão dos papéis dos educadores, para que sejam investigadores, criativos e reflexivos em suas práticas e estabeleçam interações com os estudantes nas quais respeitem sua cultura, valores e processo de aprendizagem, de saberem escutar e interpretar suas expectativas, desnaturalizando discursos e pontos de vista sobre o universo da escrita e sobre os estudantes.

Quando se toma o processo de formação de educadores como um processo de aprendizagem, de profissionalização e de criação de identidades, há que considerar os mesmos princípios que servem de balizas para a organização dos programas educativos de EJA. Estamos propondo que a formação seja um processo conectado aos interesses e às necessidades dos educadores, no qual se estabeleçam diálogos e negociações entre sua bagagem cultural e as questões e os temas que dizem respeito a sua ação pedagógica. Esperamos que as propostas educativas sejam efetivamente elaboradas e experimentadas pelos educadores, apoiados pelos formadores e não prescritas. E que a matéria-prima desse processo de aprendizagem seja a ação reflexiva sobre aquilo que esses educadores fazem de melhor para que os estudantes aprendam. O grande desafio consiste em estabelecer um processo de formação permanente de educadores no sentido de promover aprendizagens relevantes para sua atuação profissional e para o desenvolvimento de práticas pedagógicas que respondam a um conceito amplo de alfabetização e às demandas educativas desses grupos.

Atenção ao ambiente alfabetizador

Por fim, o último foco de atenção refere-se à constituição de ambientes sociais propícios para que os projetos de alfabetização possam ser empreendidos. Espaços de socialização e convívio, no qual se criam e articulam um coletivo: um grupo de pessoas que se encontra para trocar experiências, para aprender umas com as outras, para dialogar sobre saberes, conhecimentos e valores, para negociar posições e pontos de vista, para se identificar e se diferenciar uma das outras, entre tantas possibilidades.

O ambiente alfabetizador deve se converter em um espaço que permita não só o desenvolvimento de atividades pedagógicas mas também reuniões, assembleias, trabalhos em grupos, nos quais estejam disponíveis aos sujeitos e à comunidade recursos diversos para o desenvolvimento de projetos comuns. Portanto, que a rotina e a dinâmica diária sejam intencionalmente organizadas para promover as atividades de diálogo, negociação, planejamento e troca necessárias tanto ao processo de alfabetização quanto ao de fortalecimento desses sujeitos como agentes sociais. Concorre ainda para a constituição desse ambiente, a consideração dele como lócus no qual as pessoas constroem e fortalecem suas identidades culturais, desenvolvem atitudes de mobilização e participação, devendo ser ocupado em função das singularidades dos grupos atendidos.

Comentários finais

Alfabetizar-se, desse modo, significa, então, introduzir-se numa diversidade de práticas comunicativas, falando, ouvindo, lendo e escrevendo. Significa ser apresentado a uma variedade de textos e não simplesmente ao código de escrita. E o mais importante: trata-se de propiciar aprendizagens necessárias e relevantes, nas quais as pessoas coletivamente possam melhorar suas condições de vida, buscar alternativas para os problemas que afetam a si e à sua comunidade, conhecer outras formas de participar da sociedade a que pertencem.

Frente às dimensões desse território e à desigualdade social, os avanços recentes na escolarização e, especificamente, na alfabetização de pessoas jovens e adultas no Brasil são pouco efetivos. Ainda que atualmente esteja incluída nas legislações e nos discursos da esfera estatal, há muito por cultivar para que a promoção da alfabetização e da EJA se concretize em políticas, ações e práticas educativas **com** as pessoas jovens e adultas e para que reverta esse quadro de complexidade em favor dos sujeitos a quem essa educação é de direito. Sem dúvida, os seis focos de atenção apresentados não dão conta de toda a complexidade do processo de alfabetização. No entanto, para nós têm sido eixos fundamentais para reflexão sobre os limites e as possibilidades dessas ações educativas, sobre o modo como são concretizadas e sobre os discursos a que estão filiadas.

Referências

ARROYO, M. G. Educação de Jovens e Adultos: um campo de direitos e de responsabilidade pública. In: SOARES, L. J. G.; GIOVANETTI, M. A.; GOMES, N. L. *Diálogos na Educação de Jovens e Adultos*. Belo Horizonte: Autêntica, 2005. p. 19-50

BARTON, D.; HAMILTON, M.; IVANIC, R. *Situated literacies: reading and writing in context*. Londres: Routlege, 2000.

BEISIEGEL, C. R. Considerações sobre a política da União na Educação de Jovens e Adultos. *Revista Brasileira de Educação*, São Paulo, n. 4, p. 26-34, 1994.

BRASIL. Ministério da Educação. Instituto Nacional de Estudos e Pesquisas Educacionais. *Mapa do analfabetismo no Brasil*. Brasília, DF: MEC/INEP, 2003.

DI PIERRO, M. C. Um balanço da evolução recente da Educação de Jovens e Adultos no Brasil. *Alfabetização & cidadania*, São Paulo, 2004, v. 17, p. 11-23.

DI PIERRO, M. C. (Coord.) *Seis anos de Educação de Jovens e Adultos no Brasil*. São Paulo: Ação Educativa, 2003.

DI PIERRO, M. C. Descentralização, focalização e parceria: uma análise das tendências nas políticas públicas de Educação de Jovens e Adultos. *Educação & Pesquisa*, São Paulo, v. 27, p. 321-338, 2001.

FERRARO, A. R. O analfabetismo e níveis de letramento no Brasil: o que dizem os censos? *Educação e Sociedade*, Campinas, v. 23, n. 81, p. 21-47, 2002.

FERRARO, A. R. História quantitativa da alfabetização no Brasil. In: RIBEIRO, V. M. M. (Org.). *Letramento no Brasil: reflexões a partir do INAF*. São Paulo: Global, 2003.

FERREIRO, E. Diversidade y processo de alfabetizacion: de la celebracion a toma de conciencia. *Revista de Ciencias Sociales*, n. 2, Editorial Universidad Nacional de Quilmes, Argentina, p. 21-26, 1994.

GEE, J. P. Oralidad y literacidad: de El pensamiento salvaje a Ways with words. In: ZAVALA, V.; MURCIA-NINO, M.; AMES, P. (Orgs.) *Escritura y sociedad. Nuevas perspectivas teóricas y etnográficas*. Lima: Red para el desarrollo de las ciencias sociales en el Perú, 2002.

HADDAD, S. (Coord.). *Educação de Jovens e Adultos no Brasil (1986-1998)*. Brasília: MEC-INEP-Comped, 2002. 140 p. (Estado do Conhecimento, 8).

HADDAD, S.; DI PIERRO, M. C. *Uma visão da história da escolarização de jovens e adultos no Brasil*. São Paulo: Ação Educativa, 2006. (mimeo). (Publicado em inglês como *A historical overview of adult formal education in Brazil*. In: CASTRO, R. V.; SANCHO, A. V.; GUIMARÃES, P. (Eds.) *Adult Education: new routes in a new landscape*. Braga: University of Minho. p. 231-270.).

KALMAN, J. ¿Somos lectores o no? Uma revision histórica dek concepto de aLfabetización y sus consecuencias. In: INEA. *Lecturas para la educación de los adultos: aportes de fin de siglo*. Tomo III. México : INEA, p. 91-143, 2000.

KLEIMAN, A. B. (Org.). *Os significados do letramento: uma nova perspectiva sobre a prática social da escrita*. Campinas: Mercado das Letras, 1995.

KLEIMAM, A. B. (Org.). *O ensino e formação do professor: alfabetização de jovens e adultos*. Porto Alegre: Artemed, 2001.

OLIVEIRA, M. K.; VÓVIO, C. L. Homogeneidade e heterogeneidade nas configurações do alfabetismo. In: RIBEIRO, V. M. M. *Letramento no Brasil: reflexões a partir do INAF*. São Paulo: Global, 2003.

POCHMANN, M. et. al *Atlas da exclusão social: a exclusão no mundo*. V. 4. São Paulo: Cortez, 2004.

RIBEIRO, V. M. M. *Alfabetismo e atitudes: pesquisa junto a jovens e adultos*. São Paulo: Ação Educativa; Campinas: Papirus.

RIBEIRO, V. M. M. A formação de educadores e a constituição da Educação de Jovens e Adultos como campo pedagógico. *Educação & Sociedade*, Campinas, n. 68, p. 184-201, 1999.

RIBEIRO, V. M. M. (Org.). *Letramento no Brasil: reflexões a partir do INAF*. São Paulo: Global, 2004.

SOARES, M. *Letramento: um tema em três gêneros*. Belo Horizonte: Ceale; Autêntica, 2007. (Linguagem e Educação)

SOARES, M. Letramento e escolarização. In: RIBEIRO, V. M. (Org.) *Letramento no Brasil: reflexões a partir do INAF 2001*. São Paulo, Global Editora, 2003, p. 89-114.

STROMQUIST, N. P. Convergência e divergência na conexão entre gênero e letramento: novos avanços. *Educação e Pesquisa*, São Paulo, v. 27, jul./dez. 2001, p. 301-319.

TORRES, R. M. ¿Quienes son analfabetos? In: *INEA. Lecturas para la educación de los adultos: aportes de fin de siglo*. Tomo III. México: INEA, 2000.

TORRES, R. M. *Educação para Todos: a tarefa por fazer*. Porto Alegre, Artemed, 2002.

Refletindo a realidade ambiental a partir da prática pedagógica: uma experiência do SESC LER no sertão paraibano

Kézia Cortez

Vivemos em um tempo de expansão da sociedade letrada, na qual o código escrito mais e mais se afirma como suporte fundamental à condição cidadã. Por outro lado, o chão da nossa experiência aponta para a existência de milhões de pessoas excluídas do acesso a esse código, portanto expostas a uma gama de outras exclusões nas mais diversas áreas.

Reconhecemos o esforço dos governos nas suas esferas, principalmente nos últimos anos, em instituir políticas e projetos que venham diminuir ou, até mesmo, erradicar o analfabetismo. Reconhecemos também a existência de experiências exitosas de ONGs, sindicatos e empresas privadas que também têm atuado com maestria nesse intento. No entanto, um desafio nos tem feito refletir: Por que, embora as estatísticas nos façam acreditar que quantitativamente temos progredido em nossos projetos e ações alfabetizadoras, não temos tido um resultado qualitativo satisfatório? Que ações agregariam valor a nossa ação educativa?

Acreditamos que, para ter uma ação educativa realmente inclusiva, há que levar em consideração os contextos e os indivíduos envolvidos. Não se pode pensar em educação fora do educando, de suas necessidades, suas potencialidades e suas possibilidades. Não se pode pensar em educação sem pensar que ela tem o dever de contribuir para melhorar e qualificar a vida dos alunos por ela alcançados, pois concordamos com Freire (2001, p. 16), quando diz:

> Não devemos chamar o povo à escola para receber instruções, postulados, receitas, ameaças, repreensões e punições, mas, para participar coletivamente da construção de um saber que vai além do saber de pura experiência feito, que leve em conta as suas necessidades e o torne instrumento de luta, possibilitando-lhe transformar-se em sujeito de sua própria história.

Mas como se faz na prática, para que essa educação realmente ajude a desenvolver atitudes concretas de transformação na vida dessas pessoas? Como otimizar a relação dos nossos alunos com o seu meio ambiente, com a produção econômica de sua região, com os modos de existência de sua realidade, com seus potenciais culturais e humanos?

Foi pensando nessas muitas interrogações que começamos a maturar ideias, colher sugestões com nossos educadores e coletivos pedagógicos, no sentido de dar um caráter mais intervencionista à nossa ação educativa, o que seria avançar com ousadia para vencer os limites entre o espaço escolar e os problemas da comunidade no entorno da escola, que muitas vezes tem dificultado e até impedido que esse indivíduo tenha acesso à escola ou nela permaneça.

Ao nos depararmos com a nossa realidade, fomos percebendo o que Guimarães (2004) chama de interposição de questões sociais e ambientais, imbricadas na vida de nossas comunidades. Para transformar circunstâncias de desigualdade, exploração e violência, seria preciso uma reflexão profunda sobre as formas de relação social e ambiental que têm caracterizado os modos de viver nesses espaços.

Seria preciso enxergar o todo complexo de nossas comunidades. Seria necessário investir na formação de indivíduos inseridos em um processo coletivo de transformação da realidade socioambiental e, para isso, teríamos que começar por nós: o coletivo pedagógico de nossas escolas. Seria prioritário refletir a partir de nossa história, enquanto indivíduos e instituição, nossos objetivos e propostas, nossos conhecimentos particulares e grupais para, assim, compreender e delimitar com precisão os alvos a ser alcançados e os limites a ser transpostos. Teríamos que abraçar o nosso maior desafio: qualificar a nossa prática a partir do espaço em que ela se produz.

O projeto SESC LER na paraíba: nosso contexto

O Projeto SESC LER na Paraíba iniciou-se em 2003, tendo seu primeiro Centro Educacional na cidade de Cajazeiras, alto sertão paraibano. A ele seguiram-se dois centros: um na cidade de Sousa (2004) e outro em Patos (2005), na mesma região do estado. Considerando, no entanto, seu perfil institucional e sua missão social, o Projeto SESC LER prioriza o atendimento aos subgrupos mais vulneráveis à exclusão socioeducativa, tendo como população-alvo todas as pessoas maiores de catorze anos, que não estejam sendo atendidas por outros programas correspondentes à fase inicial do ensino fundamental. Nessas cidades os dados do censo 2000 comprovam a necessidade de implantação dos nossos centros como forma de contribuição à minimização do analfabetismo e à falta de escolaridade na região:

Cidades	Analfabetismo/ faixa etária					Analfabetismo/ por gênero		Analfabetismo por área		Analfabetismo funcional	IDH	Escolas de EJA	Docentes de EJA	Nº de matrículas em EJA
	15-19	20-29	30-44	45-59	60+	H	M	R*	U*	Nº e taxa				
Cajazeiras	8,8	15,7	24,6	38,5	54,8	30,6	24,3	39,4	23,7	16.353 42,4%	0,685	10	88	82
Sousa	8,2	17,0	26,9	42,5	57,1	32,2	24,6	36,0	25,5	20.215 45,1%	0,657	16	58	412
Patos	10	16,3	21,5	35,1	54	28,7	21,7	44,5	24,1	25.470 39,8%	0,678	7	66	158

R* RURAL – U* URBANO - IDH Índice de Desenvolvimento Humano
Fonte: IBGE – Contagem da População, 2000.

Os Centros funcionam em horário integral, possibilitando o atendimento de outras faixas etárias, como o Projeto Habilidades de Estudo, em que alunos de 6 a 14 anos das escolas do entorno frequentam o Centro no horário inverso ao seu curso e ali têm a oportunidade de desenvolver autonomia, criatividade e habilidades diversas.

Esses Centros estão inseridos numa região do Estado que guarda marcas peculiares, como empobrecimento econômico e cultural decorrente de administrações públicas nem sempre responsáveis e períodos prolongados de seca; êxodo rural tanto para as áreas urbanas das cidades da região quanto para as grandes cidades brasileiras; fome, desemprego, analfabetismo, desnutrição, violência entre outros (FERNANDES, 2002). Sem dúvidas, uma região sofrida e longínqua, extremamente rica de possibilidades de superação, de capacidade, de ousadia para inovar e buscar soluções de enfrentamento às condições indignas estabelecidas.

O perfil das comunidades atendidas

CAJAZEIRAS

A cidade de Cajazeiras localiza-se a 480 km da capital do estado, e o bairro onde o Centro está estabelecido chama-se São Francisco. É um bairro periférico, cuja maioria da população é pobre, e muitos moradores estão abaixo da linha da pobreza. Grande parte não possui renda fixa e sobrevive de benefícios do governo; as profissões mais frequentes são quebrador de pedra e coletor de materiais recicláveis.

Quanto à infraestrutura, o bairro apresenta a seguinte realidade: 25,3% não têm água encanada; 82,1% das casas não têm banheiro nem fossa; a maioria das ruas não é pavimentada.

Quanto à educação e trabalho, 64,1% da população é analfabeta; 48,5% da população está desempregada.

No que diz respeito à saúde as principais doenças que atingem a população são doenças sexualmente transmissíveis, hanseníase, tuberculose e escabiose. Além de ostentar um índice de desnutrição de suas crianças, das quais 67,9% que estão na faixa de 0 a 5 anos estão desnutridas, destas 3,1% em situação de risco.

Outros dados também são relevantes na caracterização da comunidade: 53,4% dos moradores têm problemas com alcoolismo nos seus diversos estágios; 17,1% dos adolescentes são violentados(as) sexualmente; 25,3% das crianças e adolescentes comercializam drogas.

Quanto aos serviços públicos, o bairro conta com a coleta de lixo de forma regular três vezes por semana, possui posto de saúde e centro social de uma igreja evangélica, que atendem a comunidade.

Em pesquisa realizada pelos professores do SESC junto à comunidade, evidenciou-se que há uma grande carência no que diz respeito a lazer e entretenimento. Os principais anseios da comunidade são parques de diversões, creches para abrigar as crianças, capela e praças. O único ambiente que proporciona momentos de lazer à comunidade é o SESC, que dispõe de quadra de areia e promove eventos sociais.

Sousa

A cidade de Sousa encontra-se a 444 km da capital, com 62 mil habitantes. O Centro Educacional está inserido no Conjunto Raquel Gadelha, área ladeada por bairros de classe média e comunidades pobres, onde as diferenças e as desigualdades estão muito presentes. A comunidade atendida pelo SESC constitui-se basicamente de pessoas oriundas dessas comunidades. Neste artigo, como perfil, vamos focar prioritariamente os nossos alunos e suas famílias, residentes em sua maioria nos bairros Nossa Senhora de Fátima, Padre Rolim e no condomínio Doca Gadelha.

O bairro Nossa Senhora de Fátima está localizado na zona sul da cidade e é pejorativamente chamado de "Cangote do urubu". Surgiu quando algumas pessoas invadiram uma área pertencente ao agropecuarista Homero Pires. Após um breve período o dono da terra fez a doação e desde então este bairro vem crescendo muito e de forma desordenada; com isso, surgem sérios problemas socioambientais, entre eles, acúmulo de lixo, residências improvisadas, esgotos a céu aberto, doenças epidêmicas, energia elétrica e abastecimento de água precários, altos índices de violência decorrentes do tráfico e consumo de drogas. É uma área onde quase não existem árvores plantadas, as ruas não são calçadas, e o índice de analfabetismo entre os adultos é muito alto. Os serviços públicos ainda chegam de forma precária, e o serviço mais próximo da população é um posto de saúde que lá se encontra instalado. Registra-se nesse bairro um bom número de catadores, que sobrevivem da venda de materiais recicláveis.

O conjunto Frei Damião é uma área bem antiga da cidade de Sousa, também localizado na zona sul, e sempre foi considerado uma das áreas mais pobres da cidade. Atualmente tem uma boa infraestrutura: calçamento, saneamento básico, água tratada e energia elétrica de qualidade. No entanto concentra altos índices de violência, com intenso tráfico de drogas e prostituição. Assim como o N. Sr.ª de Fátima, o Frei Damião é pouco arborizado e detém um alto índice de analfabetismo entre os adultos. O emprego informal é uma das principais ocupações da comunidade.

Já o Condomínio Doca Gadelha é o mais próximo ao Centro Educacional. Era um mercado público que não foi concluído e aos poucos foi sendo invadido por pessoas "marginalizadas";

assim por muito tempo foi um território temido pela população. Venda de drogas, prostituição, altos índices de violência eram a rotina de seus ex-moradores. Não havia energia elétrica nem água encanada; os boxes eram tapados com papelão e pedaços de madeiras. A antiga população foi deslocada para um conjunto popular construído pela prefeitura.

Hoje o espaço foi doado a pessoas carentes, que receberam da prefeitura materiais de construção para reforma e ampliação dos boxes. Atualmente os três quarteirões que compõem o condomínio encontram-se quase totalmente ocupados. No entanto, a necessidade de melhorias na infraestrutura e na assistência social é gritante. Apesar de grande mudança no perfil da população, o local ainda é discriminado e conta com pouca atenção dos órgãos públicos.

A maior parte das pessoas que residem nesse condomínio são parentes, 100% de baixa renda. A maioria não tem emprego fixo e vive de bico. Observa-se baixa escolaridade entre os adultos e uma séria resistência em voltar à escola. Observa também a presença de poucos idosos e muitas crianças. A atividade comercial mais frequente entre os moradores está ligada diretamente à coleta e venda de materiais recicláveis, principal fonte de renda de boa parte das famílias. Na maioria das residências existem banheiros improvisados (buracos cavados no chão, sem portas, sem chuveiros), e em alguns casos as necessidades fisiológicas são feitas em sacolas plásticas. Não há coleta de lixo, que é jogado em terrenos baldios, espalhado por animais e serve de moradia para ratos, cobras e diversos tipos de insetos, prejudicando o meio ambiente e os próprios moradores. Observa-se que a forma mais presente de poluição está relacionada ao lixo e esgoto a céu aberto por todos os lados. Não há indústrias nas proximidades, e o trânsito é bem tranquilo.

PATOS

A cidade de Patos, onde se situa o nosso terceiro centro, possui 90.519 habitantes e está localizada a 300 km da capital. O SESC LER PATOS está inserido no bairro Frei Damião, o qual é conhecido pelos moradores e por todos da cidade, como bairro do Morro, sua antiga denominação.

Localiza-se na zona Oeste da cidade, tendo como vizinhos os bairros: Liberdade e Bivar Olinto. Novos loteamentos estão surgindo, tendo em vista a maior procura de pessoas que estão vindo morar nas redondezas. Há três novos conjuntos: Conjunto Santa Clara, Conjunto José Mariz, Jardim Dr. Pedro Firmino e Jardim Lacerda. A clientela atendida no SESC Patos é justamente oriunda dessas localidades. Os moradores desses bairros têm uma relação harmoniosa, uma vez que são de realidades parecidas e próximas uns dos outro. Os bairros são interligados por ruas calçadas e algumas asfaltadas, além de estradas de barro. Na maioria das ruas existe rede de esgoto, mas ainda preocupam os esgotos a céu aberto em alguns pontos da localidade, além de um canal aberto, onde são jogados os resíduos da rede de esgoto, o que prejudica o bem-estar dos moradores.

No que diz respeito ao sistema de água, há água encanada e tratada em todas as ruas, todavia ainda existem residências que não têm a disponibilização desse serviço. Há pouco tempo, o Governo Federal, em parceria com o estado, realizou a construção de banheiros contemplando algumas residências. Na ausência de sanitários, os moradores depositam as necessidades fisiológicas em latas e sacos plásticos e jogam em terrenos baldios.

A coleta de lixo é realizada três vezes por semana. Contudo, percebe-se a existência de acúmulo de detritos em alguns terrenos baldios do bairro. Os agentes da coleta usam roupas e luvas adequadas, recolhendo o lixo nas calçadas. O morador tem de observar o local onde deixa o lixo de sua casa, uma vez que há animais dispersos na rua que podem consumir e/ou espalhar os detritos. No bairro, assim como na cidade ainda não é existente a coleta seletiva, mas alguns moradores selecionam, sobretudo os materiais plásticos (garrafas pet), vidros e metais, colaborando com a ação dos catadores.

Como já citado, a maioria das ruas é pavimentada, mas cabe salientar que a rua principal está sendo atualmente asfaltada, vindo a melhorar o tráfego no bairro. E, no que diz respeito à arborização, esta se caracteriza por algarobas, que perduram mesmo em período de seca. Alguns moradores plantam árvores na frente de suas casas, e se destaca o crescente número de fícus, que decaiu um pouco depois que as raízes, por causa de sua profundidade e espessura, passaram a prejudicar a estrutura das casas. Em alguns quintais existem árvores frutíferas e/ou hortas, que revertem em alimento para complementação alimentar. E alguns moradores utilizam também os quintais para criação de animais.

Os terrenos baldios existentes no bairro são em sua maioria pertencentes aos moradores, que nem sempre têm a preocupação de cuidar dos terrenos adequadamente. Embora não haja uma lei municipal que os obrigue a cuidar de suas propriedades, a prefeitura auxilia na limpeza dos terrenos quando se faz necessário. Falta ainda uma formação não somente para os donos dos terrenos, mas também dos próprios moradores, que jogam resíduos nos terrenos baldios.

Não há um trânsito acentuado no Frei Damião, onde o maior fluxo é em decorrência do movimento das indústrias de lá e das várias pessoas de diferentes cidades que vão adquirir emplacamento e habilitação na Circunscrição Regional de Trânsito (CIRETRAN). Ali existem duas indústrias que são referência e contribuintes na economia da cidade e demais regiões: o Engarrafamento Coroa, o qual produz bebida, e a Indústria Rosa Vermelha, que fabrica calçados.

O bairro deixa a desejar em relação ao lazer: os moradores desejam a construção de uma praça que ofereça instalações adequadas principalmente para as crianças, que ficam nas ruas brincando por falta de espaço apropriado.

No que diz respeito à geração de renda, esta é bem diversificada. Em sua maioria, são empregos informais, como lavadeiras, técnicos de energia, vendedores ambulantes, comerciantes, domésticas, profissionais do sexo, catadores, costureiras, mototaxistas, sapateiros, entre outros. Muitos se deslocam para procurar emprego em outros bairros. Um auxílio na empregabilidade são as indústrias existentes no bairro. Há os que trabalham as instituições públicas: escolas, postos de saúde e instituições privadas. Embora com um crescente número de idosos no bairro, o número de aposentados é pequeno, então a eles é oferecida uma ocupação no Centro de Referência a Assistência Social (CRAS), que disponibiliza cursos para adultos e idosos, os minicursos de valorização social do SESC, bem como as Reuniões de Continuidade do grupo da terceira idade do SESC PATOS.

Em termos de serviços oferecidos pela iniciativa pública não é satisfatório, não há uma motivação ao ingresso de jovens e crianças em aspecto cultural e ou/ profissional (no caso dos jovens). A motivação que os jovens recebem vem das associações e/ou da Igreja, que não somente os inclui nos serviços pastorais, mas estende-se a trabalhos socioculturais. Nessas realidades complexas situamos o nosso trabalho pedagógico e temos apostado em um fazer diferenciado, alimentado pela reflexão que tem subsidiado uma prática criativa, que por sua vez tem dado luz a outras reflexões. Nossa ação tem se imbuído de uma perspectiva crítica, "crítica na medida em que esta discute e explicita as contradições do atual modelo de civilização, da relação sociedade-natureza e das relações sociais que ele institui" (QUINTAS, 2003), que tem procurado fazer emergir um saber não ingênuo. Nesse processo estamos todos juntos, educandos e educadores, nos formando para o exercício de uma cidadania ativa e para a transformação da situação de crise socioambiental que atinge a todos.

Foi pensando em começar por nós, que consideramos imprescindível propiciar à nossa equipe de educadores um momento especial de reflexão que pontecializasse uma leitura de mundo mais completa e eficaz, no sentido de qualificar as intervenções educativas nessas comunidades. Para tanto, seria necessário um momento de reflexão coletiva que construísse saberes e fazeres que viabilizem a adesão da ação pedagógica ao movimento da realidade social.

Refletindo a partir da experiência

Num primeiro momento anterior à nossa reflexão coletiva, propusemos à equipe pedagógica de cada centro a realização de uma pesquisa que subsidiasse a composição do perfil das comunidades atendidas; perfil já exposto no corpo deste trabalho.

Num segundo momento, realizamos um encontro com as três equipes educativas dos Centros Educacionais do SESC LER, com o seguinte tema: "Educação por inteiro: perspectivas e sensibilização ambiental", em um período de 40 horas, em que foram construídos, coletivamente, saberes sobre educação ambiental numa visão crítica; história da educação ambiental no mundo e no Brasil; legislação ambiental; agenda 21; biomas do mundo e biomas brasileiros; o uso dos três Rs e relação entre cidadania e consumo sustentável. Foram horas de análise de filmes, estudos de textos, debates e apresentações de conclusões acerca dos temas enfocados, além de uma atividade de campo de visita à Escola Agrotécnica da cidade de São Gonçalo, onde os educadores puderam observar mais detidamente processos mais saudáveis e de baixo custo de irrigação e plantio de hortaliças, frutas, plantas nativas da região e ervas medicinais, que fazem parte da medicina popular, profundamente arraigada à cultura do povo sertanejo.

Munidos de todo esse cabedal de conhecimentos e de posse dos diagnósticos de nossas comunidades, vivenciamos o terceiro momento do nosso movimento reflexivo: a produção de projetos de intervenção socioambiental nas comunidades por nós atendidas.

Compreendemos que o traçar dos projetos constitui o primeiro passo de aproximação do nosso alvo. Sabemos também que, apesar da sinergia criada, do estímulo e da confiança demonstrados pelas equipes, eles não contêm a totalidade das soluções nem são a única resposta às questões socioambientais diagnosticadas em nossas comunidades. São apenas resultantes do nosso primeiro olhar e que dependerão da conquista cotidiana de nossa *práxis*, dada em um ambiente educativo de caráter crítico.

Que caminhos poderão ser trilhados? Que educação nos interessa?

A nossa reflexão primeira nos apontou alguns princípios que nortearão os projetos de forma geral e que poderão nos afastar de uma prática pedagógica prescritiva e reprodutiva, quais sejam:

- Para o enfrentamento das questões complexas socioambientais é necessário partir do coletivo;
- A prática pedagógica nesse processo deve pautar-se por uma postura dialógica, problematizadora e comprometida com as transformações estruturais da sociedade;
- Conceber o meio ambiente ecologicamente equilibrado como um direito de todos; um bem de uso comum, essencial à sadia qualidade de vida;
- Compreender que preservar e defender o ambiente é um dever compartilhado entre o poder público e a coletividade, um compromisso ético de todos;
- Que o respeito à pluralidade e à diversidade cultural de cada localidade é a garantia da preservação da identidade de cada projeto.

Caminhos de Cajazeiras

O coletivo pedagógico do SESC em Cajazeiras, diante da situação do bairro São Francisco, optou por tomar como ponto principal o problema do lixo, considerando que existe na comunidade lixo acumulado nos terrenos baldios e que há um grande número de coletores de materiais recicláveis que agravam o problema, quando acondicionam o material recolhido de forma irregular, transformando suas casas em depósitos e possibilitando a proliferação de mosquitos vetores de diversas doenças.

A questão do lixo, portanto, é o caminho escolhido como inicial para o trabalho socioambiental a ser desenvolvido na comunidade, através do qual se buscará construir alternativas que possibilitem melhor qualidade de vida aos moradores do bairro e adjacências. Para tanto, a escola se propõe a mediar as relações entre a comunidade e a associação do bairro: (a) despertar nos moradores a consciência de lutar pelo coletivo; (b) produzir conhecimentos sobre a legislação para que a partir deles os moradores possam refletir suas ações, preservando o meio ambiente e não apenas como meio de sobreviver economicamente; (c) demonstrar a importância da utilização dos equipamentos necessários para a realização da coleta; (d) evidenciar através de dados estatísticos que grande parte das doenças existentes no bairro são causadas pelo lixo e pela falta de informações de modo geral.

Com essas ações se buscará desenvolver um trabalho coletivo soluções para as questões ambientais na comunidade do bairro. A partir das mudanças observadas, dos avanços e das atuações no desenvolvimento do projeto, serão levantadas questões novas, promovendo, assim, um ciclo permanente dos problemas detectados. A realização do projeto será divulgada através de uma cartilha educativa, bem como de coletâneas e cordéis produzidos por alunos do SESC LER e comunidade, com o objetivo de divulgar o trabalho e incentivar a participação de todos nas discussões dos problemas apresentados.

Caminhos de Sousa

O coletivo educativo de Sousa optou por iniciar o trabalho com a comunidade do condomínio "Doca Gadelha", tentando contribuir para a melhoria da qualidade de vida dos seus moradores. Nesse sentido, decidiu-se pelos seguintes objetivos: (a) mobilizar e orientar a comunidade para a limpeza do local e coleta do lixo; (b) contatar as autoridades responsáveis pela infraestrutura e saneamento básico na busca de soluções para os problemas de esgoto a céu aberto e falta de pavimentação; (c) arborizar as ruas; (d) solicitar a implantação de um telefone público; (e) criar um fórum de discussões acerca dos problemas diagnosticados; (f) promover ações de cidadania.

Para tanto, pretende-se promover reuniões com a comunidade do condomínio; (a) contato com entidades, associações, órgãos públicos e associações de bairro; (b) visitas ao condomínio desenvolvendo atividades culturais e lúdicas para a execução das ações; (c) parcerias; realização de palestras e avaliação. A primeira etapa do projeto será efetuada em um período de 12 meses.

Caminhos de Patos

Partindo do perfil traçado anteriormente, o coletivo pedagógico da escola observou que, diante da realidade do bairro do Morro, é preciso promover atitudes por parte do poder público e comunidade civil organizada para a obtenção de uma melhor qualidade de vida para os moradores. Optou-se, portanto, por desenvolver um projeto que possibilite a problematização e aponte possíveis soluções para os problemas detectados, além de e que viabilizar "**Um bairro melhor para todos**".

Compreendendo que o meio ambiente é tudo, e que somos o meio ambiente, o coletivo do centro propõe-se a iniciar um trabalho formativo na comunidade para a proteção, respeito e conservação do meio ambiente, contribuindo para que os moradores se tornem promotores das condições de melhoria da qualidade de vida e se responsabilizem pela difusão da educação ambiental nas ações cotidianas e solicitem as políticas públicas necessárias a essa qualificação.

Para a efetivação do projeto conta-se com a solidificação das parcerias, com a formação dos seus integrantes e com a participação efetiva da população, através de assembleias e atividades diversas. A primeira etapa do projeto tem previsão de duração de doze meses.

Assim sendo, é preciso colocar que a educação que nos interessa realizar, através dos caminhos que de agora em diante serão abertos, não se constitui apenas em ações, o que geraria um ativismo sem profundidade, tampouco seria apenas reflexão, o que geraria uma imobilidade que não cumpriria com sua possibilidade transformadora, como dizia Freire (2001). É preciso mais do que nunca associar a atitude reflexiva com a ação, o pensar com o fazer para realmente construir uma práxis.

A educação que nos interessa empreender é geradora de sinergia, é pontecializadora de indivíduos e comunidades. Não é um aprendizado individualizado de conteúdos escolares, mas é algo construído na relação com o outro e com o mundo. É uma educação que estimula a autoestima de todos os envolvidos no seu processo; que gera um senso de pertencimento ao coletivo representado pela comunidade e pela natureza (GUIMARÃES, 2004).

Entre conclusões e inconclusões

A compreensão da educação de modo dialético no conjunto das práticas sociais, pelas quais somos formados, é o que nos tem movido em direção ao novo. Estamos certos também que o diálogo tem que ser construído e preservado na prática pedagógica e que vinculado à compreensão crítica da realidade, poderá abrir caminhos já percorridos por outros e caminhos inusitados de enfrentamento da crise socioambiental que nos atinge.

Assim, de forma coerente com os princípios abraçados e com a educação que tencionamos empreender, nos colocamos disponíveis para consolidar ações reflexivas que gerem ousadia para inovar e romper com os padrões estabelecidos. Estamos certos de nossas limitações, dos nossos conflitos, das relações de poder que perpassam a crise socioambiental. Temos também a compreensão de que a transformação de uma realidade socioambiental, historicamente construída, não poderá se realizar num curto espaço de tempo, por isso será um longo processo de sensibilização, construção de conhecimentos, compreensão, envolvimento e responsabilidade social. Sabemos que é preciso tempo para maturação, avaliação e planejamento constante nesse processo, em que fazemos nossas as palavras do poeta Oscar Campana:

> Se não houver caminho que nos leve
> nossas mãos o abrirão
> e haverá lugar para as crianças
> para a vida e para a verdade;
> e esse lugar será de todos,
> na justiça e na liberdade.
> Se alguém se anima, avise:
> Seremos dois a começar.

Referências

FERNANDES, D. G. *Alfabetização de jovens e adultos*: pontos críticos e desafios. Porto Alegre: Mediação, 2002.

FREIRE, P. *A educação na cidade*. 5. ed. São Paulo: Cortez, 2001.

GUIMARÃES, M. *A formação de educadores ambientais*. Campinas: Papirus, 2004.

QUINTAS J. S.; GUALDA, M. J. *A formação do educador para atuar no Processo de Gestão Ambiental*. Brasília: IBAMA, 1995.

SESC. DEPARTAMENTO NACIONAL. *Proposta pedagógica do projeto SESC LER*. Rio de Janeiro, 1999.

SESC. DEPARTAMENTO NACIONAL. *Ação finalística do SESC*. Rio de Janeiro, 1999.

Corporeidades e experiências: potencializando a Educação de Jovens e Adultos (EJA)

Rosa Malena Carvalho

Abordando as experiências corporais no processo de escolarização, deparamo-nos com uma concepção ainda predominante, na qual as vivências dos sujeitos constituem obstáculo daquilo selecionado pelas escolas para ensinar e aprender, no máximo sendo percebidas como algo menor, apenas um meio para o que de importante foi escolhido como conhecimento válido. Neste artigo, problematizo as noções hegemônicas em relação ao corpo (fruto de ideário linear e cartesiano que hierarquiza os seres humanos, de acordo com a etnia, o gênero, a opção sexual, o tônus muscular, etc.) e, percebendo-o como produção sociocultural, dialogo com a Educação de Jovens e Adultos (EJA). Nesse movimento, busco afirmar práticas pedagógicas que colaborem para a ressignificação da organização escolar e compartilho processo desenvolvido na EJA da Rede Pública Municipal do Rio de Janeiro.

Corpo: ideias predominantes no processo escolar

[...] Muita coisa a gente faz
Seguindo o caminho que o mundo traçou
Seguindo a cartilha que alguém ensinou
Seguindo a receita da vida normal
Mas o que é vida afinal?
Será que é fazer o que o mestre mandou?
É comer o pão que o diabo amassou
Perdendo da vida o que tem de melhor [...][1]

Você assistiu ao filme *Denise está chamando*?[2] Ele traz uma sociedade em que as pessoas aprendem a conviver através de telefonemas e "encontros" virtuais, achando perda de tempo estar com outras pessoas, embora muitos desejem tal encontro – como a protagonista Denise. Já o filme *Central do Brasil*[3] nos sensibiliza para uma realidade com número imenso de pessoas que não possuem acesso ao mundo letrado, à internet, a telefonemas interurbanos – precisando de ajuda para escrever e enviar carta para as pessoas conhecidas, amadas, que estão forçosamente distantes.

Os filmes, ricos em imagens visuais, auditivas e verbais, possibilitam-nos perceber e imaginar outras culturas, com diferentes formas de falar, andar e interagir com o mundo. Vejo, ouço o filme, aproximando aquelas situações e pessoas, em um processo de associação e reconhecimento da realidade em que vivo.

Como relacionamos as experiências, suas associações e reconhecimentos com a atitude de conhecer, aprender? Quais perspectivas são privilegiadas na organização dos tempos, espaços e saberes presentes no interior das instituições escolares?

---

[1] *Verdade Chinesa*, canção de Carlos Colla e Gilson, cantada por Emílio Santiago.

[2] Produção estadunidense, dirigida por Hal Salwen e exibida no Brasil por volta de 2001.

[3] Brasileiro, produzido em 1998 e dirigido por Walter Salles.

Como as ideias e os valores sobre corpo e movimento foram socioculturalmente aí inseridos?

> O sujeito da experiência é um sujeito ex-posto. Do ponto de vista da experiência, o importante não é nem a posição (nossa maneira de pôr-nos), nem a o-posição (nossa maneira de opor-nos), nem a imposição (nossa maneira de impor-nos), nem a proposição (nossa maneira de propor-nos), mas a exposição, nossa maneira de ex-por-nos, com tudo o que isso tem de vulnerabilidade e risco. Por isso é incapaz de experiência aquele que se põe, ou se opõe, ou se impõe, mas não se ex-põe. (LARROSA, 2004, p. 163)

Na concepção ainda predominante de conhecimento, as diversas experiências dos sujeitos ora constituem obstáculo daquilo selecionado para ensinar e aprender na escola, ora são percebidas em sentido utilitarista, ou seja, como algo menor, que serve apenas de meio para o que de importante a escola selecionou como conhecimento válido. Por isso, muitos ainda percebem as brincadeiras, por exemplo, dissociadas de aprendizagem, de atividade culturalmente produzida. Com quais experiências corporais os alunos e as alunas circulam nas escolas? São valorizadas? Negadas?

Talvez nós, professores, também jovens, adultos e idosos em formação, aprendemos a valorizar pouco às nossas experiências cotidianas. Quase um

> [...] sujeito incapaz de experiência, aquele a quem nada acontece, seria um sujeito firme, forte, impávido, inatingível, erguido, anestesiado, apático, autodeterminado, definido por seu saber, por seu poder e por sua vontade. (LARROSA, 2004, p. 163)

Quando olhamos para o interior da escola, encontramos a educação física como área do conhecimento "responsável" por tratar e educar o corpo e o movimento. Por sua vez, a forma como seleciona os conteúdos específicos e os desenvolve, bem como a relação que estabelece com as demais áreas do conhecimento acabam valorizando determinado tipo de técnica (em particular, a excelência dos gestos de alguns esportes, em sua forma competitiva), negando outras experiências, principalmente dos que fazem parte dos grupos e camadas socialmente desfavorecidas – auxiliando, assim, a excluir as histórias e a memória corporal daqueles que têm suas histórias e memórias *normalmente* excluídas e apagadas. Nesse movimento curricular, o corpo ideal de aluno ainda é o imóvel, em silêncio, jovem, saudável, limpo, disciplinadamente trabalhando as atividades propostas. Em uma organização dos espaços e tempos tão prescritos, como discutir e valorizar outras possibilidades?

Por outro lado, olhando com curiosidade e estranhamento para o nosso dia a dia, provavelmente encontraremos cenas, situações, acontecimentos que materializam a não subordinação dos sujeitos ao silêncio e à imobilidade. E, ao mesmo tempo, poderemos compreender como exemplos de criatividade e não conformismo o que anteriormente só entendíamos como apatia, desinteresse, carência e não aprendizagem. Certeau (2002) refere-se a essa interferência dos sujeitos sobre as regras através das ideias de uso – ou seja, as imprevisíveis e diferentes maneiras criadas pelos sujeitos para aquilo que tem consumo previsto pelo poder instituído.

Uma das experiências pouco valorizadas é o nosso tempo livre – pela conjuntura perversa em que vive a maioria da população brasileira: trabalhando para sobreviver. Pela lógica capitalista/mercantilista que diz que "tempo é dinheiro". Assim, o divertimento, a alegria, o espontâneo ainda está localizado na criança, permitindo-lhe brincar e jogar. À medida que os alunos avançam na idade e na escolarização, essa discussão vai perdendo espaço, pois a seriedade impera em uma sociedade em que "muito riso é sinal de pouco siso".

As manifestações corporais, quando são predominantemente compreendidas isoladamente da natureza e da sociedade, tornam o corpo abstrato, porque distante da realidade em que se faz. Ao situá-lo em seu contexto histórico, cultural, portanto social, percebemos que as formas de conhecer o corpo estão inseridas nas relações e sentidos sociais (produto coletivo da vida humana). Ao pensar assim, falamos em *corporeidade*, a qual

> [...] pretende expressar um conceito pós-dualista do organismo vivo. Tenta superar as polarizações semânticas contrapostas (corpo/alma; matéria/espírito; cérebro/mente) [...] constitui a instância básica de critérios para qualquer discurso pertinente sobre o sujeito e a consciência histórica. (ASSMANN, 2001, p. 150)

Assim, antes visto como um dado ("natural", "divino"), a corporeidade nos convida a perceber o corpo como uma construção/processo – permitindo questionar paradigmas pautados no dualismo, na linearidade, nas hierarquias, nas formas cartesianas de habitar e compartilhar o mundo. Afirmar a diversidade de corporeidades pode significar, como diz Bruhns (1999), fortalecer um *corpo-sujeito*, enfraquecendo o conceito de *corpo-objeto* que constitui uma sociedade capitalista, como a nossa (as principais características desse sistema estão associadas ao rendimento; às normas de comparação, idealizando o princípio de sobrepujar; à regulamentação rígida; à racionalização dos meios e técnicas – mantendo e reproduzindo desigualdades e hierarquias sociais). Em outra perspectiva, valorizar expressões corporais excluídas e negadas pode auxiliar a organizar e dar sentido emancipador à escola.

Como relacionamos essas ideias com os jovens e adultos que iniciam ou reiniciam seu processo de escolarização?

Corporeidade e Educação de Jovens e Adultos: fios de possibilidades

> A experiência é o que nos passa, ou o que nos acontece, ou o que nos toca. Não o que passa ou o que acontece, ou o que toca, mas o que nos passa, o que nos acontece ou o que nos toca. A cada dia passam muitas coisas, porém, ao mesmo tempo, quase nada nos passa.

> Dir-se-ia que tudo o que passa está organizado para que nada nos passe. (LARROSA, 2004, p. 154)

Seguindo essas pistas de Larrosa, podemos aproximar experiências com tudo que nos afeta (corporal, emocional e cognitivamente). Lovisolo (1989, p. 84) diz que pensar é abstrair, mas a partir das semelhanças e diferenças existentes, a partir de uma realidade e tradição que registram seletivamente o vivido. O que inclui tudo que tocamos, cheiramos, vemos, fazemos, explorando sentidos, constituindo-os em uma das formas de entrelaçar conhecimentos. Por que, então, muitos tentam deixar o corpo, suas expressões e significados "de fora" do projeto pedagógico que auxiliam a constituir?

Na concretização de projetos educacionais, quando consideramos a necessidade de "**partir** do aluno, conhecer e socializar suas experiências de vida, para adequar os novos conhecimentos que serão ensinados aos interesses e ao seu nível de compreensão" (FARIA, 1986, p. 84), expressamos um dos sentidos sociais para o trabalho na escola pública, o qual entende as diversas experiências vividas como conhecimentos tecidos cotidianamente. Esse processo pode contribuir para superar formas de exploração e exclusão em que vive a maior parte da população, pois a escolarização se aproxima com a necessidade e o desejo de *sentirpensar*[4] diferentes formas de ser e existir.

Nesse movimento, a corporeidade pode constituir uma possibilidade de pensarmos o humano e os sentidos que damos à condição humana; assim, corpo individual e corpo coletivo estão indissociados. Maturana e Varela Garcia (1997) afirmam que os sistemas vivos se auto-organizam por processos que

---

[12] Peço licença para usar este neologismo, mais apropriado para expressar a multiplicidade do corpo. "Para que a gente escreve, se não é para juntar nossos pedacinhos? Desde que entramos na escola ou na igreja, a educação nos esquarteja: nos ensina a divorciar a alma do corpo e a razão do coração. Sábios doutores de Ética e Moral serão os pescadores das costas colombianas, que inventaram a palavra *sentirpensador* para definir a linguagem que diz a verdade" (GALEANO, 1995, p. 119).

envolvem todas as partes, de formas altamente complexas e capazes de manter e reproduzir a vida, conservando sua capacidade autopoiética, ou seja, sua condição de auto-organização, o que convida a pensar o quanto nosso corpo é múltiplo – pela autopoiese, pelas potências, virtualidades e limites, o que inclui o diálogo, as adaptações, as mudanças.

Nesse processo, os sentidos coletivos, comuns, partilhados, gerais, tradicionais (por "marcar" uma história comum) se entrelaçam com os sentidos tecidos por cada indivíduo, de forma particular, singular – o que faz pensar nas inúmeras experiências que jovens e adultos têm a compartilhar no processo de escolarização.

Nossa Constituição, em seu artigo 205, estabelece que "a educação é direito de todos e dever do Estado e da família [...]" e, no artigo 208, que o Ensino Fundamental é obrigatório e gratuito, sendo sua oferta garantida para todos os que a ele não tiveram acesso na idade própria.

Mas o que significa garantir o direito à educação? Sendo jovem e adulto, considerá-lo uma obrigação imposta pela lei, pois o "tempo de aprender passou"? Como fica o direito ao lúdico, ao lazer, à expressão livre e criadora, à curiosidade, ao desejo de aprender?

Ao dialogar com as especificidades da Educação de Jovens e Adultos (EJA), destaco as três funções principais apontadas pelas Diretrizes Curriculares Nacionais para EJA, emanadas pelo Conselho Nacional de Educação (CNE) em 2000: *reparadora*, *equalizadora* e *qualificadora* – esta sendo colocada como o sentido principal, superando o caráter compensatório na EJA e, convidando a pensar na educação permanente e na criação de uma sociedade solidária e heterogênea.

> Dentro deste caráter ampliado, os termos "jovens" e "adultos" indicam que, em todas as idades e em todas as épocas da vida, é possível se formar, se desenvolver

e constituir conhecimentos, habilidades, competências e valores que transcendam os espaços formais da escolaridade e conduzam à realização de si e ao reconhecimento do outro como sujeito. (SOARES, 2002, p. 43)

O que significa a possibilidade de viabilizar o acesso e permanência à educação, independentemente da idade – materializando, assim, propostas curriculares includentes, com diferentes sujeitos, saberes, tempos e espaços. Com oportunidades ligadas ao lazer, à expressão livre e criadora, à curiosidade, à vontade de aprender.

O movimento e a expressão corporal podem potencializar o contexto heterogêneo e complexo da EJA, no qual as práticas corporais, lúdicas e de lazer, como linguagem e patrimônio sociocultural, inserem-se em um conjunto de múltiplas *oportunidades educativas*. Com esse sentido, os processos educacionais fazem parte de políticas de educação facilitadoras de propostas curriculares potencializadoras dos saberes dos cotidianos como integrantes da socialização e aprendizagens dos diversos alunos.

> O acesso a esse universo de informações, vivências e valores é compreendido aqui como um direito do cidadão, uma perspectiva de construção e usufruto de instrumentos para promover a saúde, utilizar criativamente o tempo de lazer e expressar afetos e sentimentos em diversos contextos de convivência. Em síntese, a apropriação dessa cultura, por meio da Educação Física na escola, pode e deve se constituir num instrumento de inserção social, de exercício da cidadania e de melhoria da qualidade de vida. (BRASIL, v. 3, p. 194)

Dentro desse quadro, em vários cotidianos escolares, existem experiências que consideram o corpo em movimento como possibilidade de beleza, criação, desejo e parte do processo ensino-aprendizagem desenvolvido pela instituição escolar, questionando o ideal de aluno ser aquele que não fala, não sai do lugar que lhe foi designado como seu. As práticas pedagógicas, portanto, podem ser pensadas como espaços de potência, de interação e produção de sentidos diferentes da 'pedagogia do desastre', do 'dever ser', assim definida por Lins (2005, p. 1.236):

> A pedagogia do desastre: falar pelo outro, pensar para o outro, fabricar a criança, o aluno insere-se na tentação conservadora, mais próxima do estudo dos monstros que da pedagogia.

Uma dessas experiências foi realizada no ano de 2008 pelo Programa de Educação de Jovens e Adultos (PEJA) da Secretaria Municipal de Educação do Rio de Janeiro: *projeto piloto* com o elemento curricular educação física. Fiz parte deste projeto e, ele foi piloto porque o objetivo foi incluir um elemento curricular, que discutisse suas finalidades específicas, mas no conjunto da proposta pedagógica da unidade escolar e, considerando as especificidades do PEJA. Dentre os vários fatores que justificaram o surgimento desse projeto, destaco a ênfase que as Diretrizes para a EJA, no cenário nacional, sobre a necessidade de ampliar o que é oferecido ao seu aluno, através de *múltiplas oportunidades educativas*; o desejo, manifestado pelos alunos do PEJA, durante o I Encontro de Alunos, pela prática das atividades físicas e esportivas e a *progressiva extensão* garantida em lei do que é oferecido nas unidades escolares.

Este projeto buscou envolver todos os sujeitos, potencializando o processo e o diálogo. Assim, após autorização da Secretaria Municipal de Educação do Rio de Janeiro, foi compartilhado com as Coordenadoras Regionais de Educação (CREs), as quais foram convidadas a aderir ao projeto, ainda no final de 2007. Foi solicitado que indicassem a escola na qual o trabalho teria início. Em dezembro de 2007 e fevereiro de 2008 foram realizadas reuniões com a equipe diretora das Unidades Escolares indicadas pelas CREs, junto com a equipe diretora do CREJA (Centro de Referência da Educação de Jovens e Adultos), sentindo o nível de acolhimento do projeto piloto e orientando-as para que, junto com a CRE, indicassem profissionais em consonância com o perfil desejado aos professores que atuam no PEJA.

Todas as dez CREs e o CREJA aderiram, e os professores indicados foram convidados a uma primeira reunião no final de fevereiro para começarmos a conversar sobre a condução do processo. Inicialmente, teríamos como referências as Diretrizes Nacionais para a EJA, a MultiEducação, os PCNs, o Projeto político-pedagógico de cada unidade escolar e o contexto atual do elemento curricular em questão (o qual não prioriza a *performance* desportiva, mas a ampliação das possibilidades corporais).

Como se tratou de projeto piloto e, considerando a organização atual do PEJA, a orientação foi para que os professores atuassem em três noites: sexta-feira com PEJA II (corresponde aos anos finais do Ensino Fundamental), quinta-feira em centro de estudos e outro dia (combinando com a escola) com PEJA I (corresponde aos anos iniciais do ensino fundamental). As unidades escolares indicadas pelas coordenadorias receberam logo no início uma carta compromisso e uma carta aos alunos, com objetivo de que cada comunidade escolar entendesse as características do Projeto; que este Projeto teria data de início e término (março a dezembro de 2008); que os desdobramentos dependeriam do que ocorresse ao longo do ano e porque (em algumas unidades) nem todos os alunos seriam atendidos ao mesmo tempo, em função do número de turmas (a prioridade no atendimento seriam as turmas do bloco 2 – ou seja, as que finalizariam o processo).

Das hipóteses iniciais para o trabalho, destaco que havia certa preocupação com os alunos mais idosos (em sua condição de saúde e desejo pela aula) e a "certeza" de grande adesão dos alunos mais jovens. Porém, logo no início, percebemos que muitos jovens queriam apenas algumas práticas corporais (jogos competitivos e esportivos, principalmente o futebol) e que os mais velhos precisariam de algum tempo para identificar que as atividades seriam adequadas às suas condições e desejos e ganharem confiança em seus respectivos professores. Inicialmente, portanto, houve muito trabalho de conquista por parte dos professores.

Diretamente com as turmas, atuaram treze professores (oito homens e cinco mulheres), com idade entre 31 e 57 anos, possuindo, em média, cinco anos de exercício na rede pública municipal do Rio de Janeiro e graduados, em média, há 10 anos, sendo uma mestre e sete especialistas.

Das 124 Unidades Escolares com PEJA, na Rede Pública Municipal do Rio de Janeiro, estiveram envolvidas 12 com esse projeto, o que representa cerca de 10% das Unidades Escolares (de todas as CREs mais o CREJA). Todas tiveram acompanhamento, através de visitas, e os seus Professores, encontros mensais com a coordenação geral dos projetos (professoras pertencentes à equipe central do PEJA, na época: a autora deste artigo e Mauriceia Costa).

No segundo semestre letivo de 2008, a direção de cada unidade escolar, junto com o representante da DED (Divisão de Educação) de sua coordenadoria, foram ouvidos no Departamento de Educação de Jovens e Adultos, através de *consultoria*, com objetivo de avaliar o andamento do projeto piloto e integrar os três níveis de gestão (local, intermediário e central). Dessa consultoria, destacamos:

- O compromisso e envolvimento dos professores e das equipes diretoras;
- A competência e acolhimento dos alunos, pelos diversos profissionais das unidades escolares, para atingir àqueles que questionavam a necessidade deste componente curricular (principalmente os mais velhos);

- O crescente desejo de todos os alunos em participar;
- A visibilidade no aumento da autoestima, perda da timidez e fortalecimento na socialização entre os alunos;
- A busca e o fortalecimento do trabalho coletivo e interdisciplinar;
- A sensível queda da evasão, em algumas unidades escolares, nos dias em que o projeto acontecia;
- Os Centros de Estudos Regionais (com os/as professores/as de linguagens artísticas, línguas estrangeiras e educação física) propiciaram maior aproximação dos professores com o programa, assim como o envolvimento e acolhida das coordenadorias com as singularidades dessas áreas e a possibilidade de afirmar esses componentes curriculares no programa;
- A solicitação das unidades escolares (que não estavam envolvidas com o projeto) para que pudessem oferecer aos alunos este componente curricular;
- A necessidade no aprofundamento das diversas atividades em relação aos idosos (compreendendo melhor como aprendem e o que necessitam);
- A sugestão de um projeto piloto com línguas estrangeiras para os alunos do PEJA I (atualmente só acontece com o PEJA II).

Em relação ao trabalho desenvolvido nas reuniões mensais com os professores da área, foram realizados planejamento geral; discussão e fixação no coletivo de alternativas para as dificuldades encontradas, assim como compartilhamento de alternativas e experiências bem-sucedidas; organização para participação nos conselhos de classe e outras atividades das unidades escolares (com objetivo de entender o trabalho desenvolvido em cada unidade e, ao mesmo tempo, compartilhar o planejado para a educação física).

A avaliação do projeto piloto ocorreu ao longo do processo, através dessas reuniões mensais; das visitas às unidades escolares; da consultoria com a equipe diretora de cada unidade escolar; da participação nos encontros de professor orientador (PO) e coordenador pedagógico (CP); da escuta dos representantes das DEDs nos encontros com o nível central; da presença em alguns encontros regionais e entrega do relatório final de cada unidade escolar (com depoimentos de alunos e professores, assim como fotos de aulas e atividades desenvolvidas ao longo do ano).

Considerando todo o desenvolvimento do trabalho realizado, destacamos:

- Pleno êxito no desenvolvimento do projeto;
- Importância do trabalho coletivo – os projetos foram acolhidos por toda a equipe da unidade escolar. O diálogo permanente, através da equipe diretora e da professora orientadora, possibilitou o envolvimento desse componente curricular com todos os sujeitos, tempos e espaços de cada unidade escolar;
- Pelo exposto acima, em algumas unidades, esse movimento promoveu a ressignificação do trabalho na unidade escolar (e não apenas do componente curricular envolvido com o projeto piloto);
- Problematização do conhecimento prévio do que essa área pode realizar nas escolas (em função do predomínio, ainda presente em nossa sociedade, da hierarquização, fragmentação e linearidade do que consideramos conhecimento), o que afirma a educação permanente que jovens e adultos somos todos nós;
- Os Centros de Estudos Regionais: dinamizados pelas Coordenadorias, reunindo os professores de educação física, linguagens artísticas e línguas estrangeiras, possibilitaram aproximar mais esses profissionais do cotidiano do PEJA, potencializando os centros de estudos como espaço de troca e formação permanente;

- Os indicativos do PEJA (perfil do professor; trabalho coletivo; ampliação do universo cultural do aluno; educação como direito; EJA como modalidade da educação básica) foram fundamentais para o desenvolvimento dos projetos pilotos – pois possibilitaram pensar o desenvolvimento do elemento curricular educação física no conjunto da proposta pedagógica.

Considerando todo o processo desenvolvido, no final de 2008, sugerimos para o ano acadêmico de 2009:

- Considerar implementada a educação física nas turmas do PEJA I e II nas unidades escolares em que o projeto piloto foi desenvolvido em 2008;
- Os professores desses componentes curriculares que atuaram com os projetos pilotos nessas unidades escolares, poderão levar matrícula para o PEJA (e não mais aturam com dupla regência – ou seja, hora extra);
- Promover gradativa ampliação da oferta deste elemento curricular, através de estudo e acompanhamento para as demais unidades escolares com o PEJA;
- Possibilitar que essa ampliação seja nos moldes do projeto piloto desenvolvido em 2008;
- Acompanhar os professores regentes das turmas de PEJA I, sempre que os alunos da sua turma estiverem presentes nas aulas de educação física;
- Realizar "estudo e implantação do componente curricular educação física nas turmas de PEJA I e II" de no mínimo em dez e no máximo em 20 unidades escolares a cada ano letivo, até que seja atendida a totalidade das unidades escolares com PEJA;
- Os/As professores/as que fizerem parte da implantação nas novas unidades escolares terão acompanhamento direto do nível central, através de encontros mensais (de participação obrigatória) e visitas às unidades escolares;

- No ano de implementação, os professores desses componentes curriculares farão jus a uma dupla regência (DR) e, se permanecerem no programa após avaliação do seu desempenho (realizada em parceria, pelo nível central, coordenadoria e escola), poderão levar sua matrícula para o PEJA;

- Todo professor que entrar no PEJA para atuar nos componentes curriculares educação física (com turmas do PEJA I e II), ao longo do processo ou após expansão desses componentes para todas as unidades escolares do Programa, deverão, em caráter obrigatório, participar de formação inicial, junto à equipe central do PEJA;

- No processo de expansão para todas as unidades escolares do PEJA, cada unidade escolar fará jus a um professor de educação física para atuar nos moldes do projeto piloto. A indicação de mais de um professor desse componente curricular para a mesma unidade escolar deverá ser avaliada pelos três níveis de gestão;

- Quanto à carga horária, ao longo do processo de expansão, a atuação dos professores continuará com o indicativo de 2008: três noites. Sexta-feira com PEJA II, quinta-feira em centro de estudos e outro dia (combinando com a escola) com PEJA I. A prioridade de atendimento da educação física será PEJA II, bloco 2 e, PEJA I, bloco 2;

- Em função da singularidade do CREJA, sugerimos que a educação física seja inserida no horário regular das turmas de PEJA I e oferecida na forma de oficinas optativas para as turmas de PEJA II;

- Os professores que fizerem parte desse projeto piloto são potenciais coordenadores e/ou tutores para o desdobramento do trabalho, por isso poderão ser convidados para ações de formação continuada;

- Os Centros de Estudos Regionais deverão continuar em 2009, por terem favorecido aproximação dos professores desse componente curricular do cotidiano do PEJA e contribuído na formação continuada desses profissionais;
- A formação dos professores desse componente curricular deverá ser observada e ampliada, na medida em que na Educação Física ainda se percebe a influência da experiência atlética-desportiva. O objetivo principal da formação continuada deverá ser possibilitar que seja oferecido ao aluno o maior leque possível da cultura corporal, artística e estética.

Alguns destaques – à guisa de desdobramentos

Desse processo desenvolvido no PEJA – e aqui compartilhado –, destacamos algumas linhas, desejando contribuir para pensar a temática, de maneira geral. A primeira trata da necessidade da interação micro e macro – ou seja, é de suma importância entender o dinamismo de nossa estrutura social e, ao mesmo tempo, as singularidades do contexto em que estamos inseridos e conduzimos o trabalho.

Considerando que vivemos em uma organização social marcada pela hierarquia das coisas e das pessoas, pelo isolamento de cada um (provocando a ideia de culpa pelas condições em que se vive) e pela extrema desigualdade nas condições em que se vive, fica "fácil" entender por que os corpos carregam tantas marcas de opressão. Por outro lado, também trazem expressões de alegria e de acreditar no futuro. Olhando com indagação e admiração para o nosso dia a dia, encontraremos cenas e situações que materializam a não subordinação dos sujeitos ao silêncio e à imobilidade, compreendendo como exemplos de criatividade e não conformismo ao imposto, o que anteriormente só entendíamos como apatia e consentimento.

Isso nos faz abordar epistemologicamente o cotidiano construído. Alves e Oliveira (2001, p. 87), ao dizerem que o cotidiano "é o conjunto de atividades que desenvolvemos no nosso dia a dia, tanto do que nelas é permanência (o seu conteúdo) quanto do que nelas é singular (as suas formas)", trazem uma ideia do cotidiano que implica qualidade naquilo que é realizado, portanto não mecânico ou repetitivo.

Ao colocar como centralidade de estudo o corpo, suas expressões e intervenções, dirigimos nossos esforços para a complexa relação que o corpo estabelece com a cultura, a ética, a política e as diversas formas como as instituições escolares podem estar organizadas, tensionando os conflitos e as contradições, as possíveis lacunas de interferências, que muitas vezes já existem, mas não conseguimos percebê-las, na medida em que os cotidianos das escolas nos remetem ao

> [...] homem inteiro; ou seja, o homem participa da vida cotidiana com todos os aspectos de sua individualidade, de sua personalidade. Nela, colocam-se "em funcionamento" todos os seus sentidos, todas as suas capacidades intelectuais, suas habilidades manipulativas, seus sentimentos, paixões, idéias, ideologias. (HELLER, 1970, p. 17)

Ao querer identificar *outros* lugares, *outras* formas de constituição corporal, identificamos que esse movimento "não tem por lugar senão o do outro" (CERTEAU, 1994, p. 100). Por isso buscamos aprofundar e ampliar o conceito sobre corpo, pesquisando diferentes possibilidades expressivas e criativas, as não hegemônicas (contra-hegemônicas?), mas que estão presentes em nosso cotidiano. Benjamin diz que isso é procurar *escovar a história a contrapelo* – movimento com possibilidades de encontrar elementos potencializadores das histórias de vida dos sujeitos, individuais e coletivos, pois elas não são contadas pela história 'oficial'. Ao costurar essas reflexões com a corporeidade e os cotidianos escolares, ainda há muito que pesquisar para entender e narrar as formas como determinados grupos sociais se apropriam de alguns elementos culturais e ignoram outros, as expressões corporais que lhes são comuns, valorizadas e representativas.

Essas ideias a respeito das corporeidades, bem como a forma pela qual o projeto piloto foi conduzido, sinalizam que apostamos em entender o trabalho coletivo, e que ele não é sinônimo do estabelecimento de uma única forma de pensar, como uma "verdade" a ser seguida. O projeto político pedagógico de cada unidade escolar, portanto, foi identificado como uma das maneiras de materializar o trabalho coletivo, o qual está impregnado pelas peculiaridades de cada local, alunos e profissionais envolvidos. Nesse processo, a corporeidade pode ser, como nos diz Pais (2003), um dos *conceitos reveladores* do currículo, cotidiano e efetivamente, praticado.

Ressignificar e fortalecer as corporeidades a partir de novas concepções de corpo de novas condições de existência. Nesse deslocar, mudando a posição do observador, poderemos perder/ mexer os 'antolhos' de que nos fala Maturana (2001) e captar outras coisas, na medida em que tensionamos, esgarçamos, conflitamos as formas de conduzir a vida, o *marcado* nas pessoas.

A forma como o projeto piloto foi desenvolvido fez os professores acreditarem que é possível fazer diferente, que não estão sozinhos – seja nas inquietações e dificuldades, seja nas alegrias, seja no desejo por outros encaminhamentos de escola e de prática pedagógica. Fazer diferente e ser diferente; através de depoimentos percebemos que esses professores mexeram com o que estava sendo conduzido em suas unidades escolares. "Mexeu no nó, mexeu na rede."

Indivíduo-sociedade, corpo-mente, singular-coletivo – nós de redes de convivência, de subjetividades, de relações entre pessoas que estão em permanente modificação. Elos que nos permitem novos compromissos com os outros, com o ecossistema, com a existência humana como *possibilidade*. Nesse movimento, entrelaço minhas condições de existência com meus desejos e escolhas – assim, estética e ética tornam-se elos.

Na relação entre cotidiano (microespaço) e sociedade (macroespaço), os espaços públicos podem se constituir como lugares possíveis da atitude ética como expressão de corporeidade e da criação de formas coletivas e partilhadas, tornando a constituição do comum como o foco. Problematizando a lógica da competição, exclusão, silenciamentos.

Através do projeto piloto, percebi o quanto o movimento curricular do PEJA e a vontade dos sujeitos dialogam com uma atitude ética de quem quer favorecer políticas públicas, e não políticas de um determinado governo. Os processos educacionais podem ser, portanto, entendidos como lugares de encontros, com diferenças antes não vistas, entre tudo aquilo que cada um traz de suas experiências, em vontade permanente de desejar. Isso vai ao encontro de uma política de Educação de Jovens e Adultos que privilegie não só o aumento de escolaridade, mas a educação permanente e a inclusão no mundo do trabalho.

As sugestões sinalizadas para 2009, então, trazem indicativos possíveis para as políticas públicas, no município do Rio de Janeiro?

Ao considerarmos que o trabalho coletivo potencializa uma "produção do comum" (NEGRI, 2003), podemos ousar dizer que sim... Muito temos a avançar nesta discussão, mas percebemos atuações de professores e professoras que consideram *educação um direito*, seja da criança, seja do jovem ou adulto, com necessidades especiais ou não.

Mais do que "preparar cidadão", um exercício de cidadania!

Referências

ALVES, N.; OLIVEIRA, I. (Orgs.). *Pesquisa no/do cotidiano das escolas*. Rio de Janeiro: DP&A, 2001.

ASSMANN, H. *Reencantar a educação – rumo à sociedade aprendente*. Petrópolis: Vozes, 2001.

BENJAMIN, W. *Magia e técnica, arte e política*. v. 1, 7. ed. São Paulo: Brasiliense, 1994.

BRASIL. Ministério da Educação e Cultura. *Educação Física*, v. 3, p. 194.

BRUHNS. *O corpo parceiro e o corpo adversário*. 2. ed. Campinas: Papirus, 1999.

CERTEAU, M. *A invenção do cotidiano*. Petrópolis: Vozes, 1994.

CERTEAU, M. *A invenção do cotidiano*. Petrópolis: Vozes, 2002.

FARIA, A. L. *Ideologia no livro didático*. 4.ed. São Paulo: Cortez e Autores Associados, 1986.

GALEANO, E. *O livro dos abraços*. 4.ed. Porto Alegre: L&PM, 1995.

HELLER, A. *O cotidiano e a história*. 1970. Tradução de C. N. Coutinho e Leandro Konder. Rio de Janeiro: Paz e Terra, s/d.

LARROSA, J. *Linguagem e educação depois de Babel*. Belo Horizonte: Autêntica, 2004.

LINS, D. Mangue's School ou por uma pedagogia rizomática. In: *Educação e Sociedade. Revista de Ciência da Educação* – Dossiê Deleuze e a Educação, v. 26, n. 93, Campinas: CEDES, p. 1129-1256, set/dez 2005.

LOVISOLO, H. A memória e a formação dos homens. Rio de Janeiro: FGV, *Revista Estudos Históricos*,1989, v. 2, n. 3, p. 16-28.

MATURANA, H.; VARELA GARCIA, F. *De máquinas e seres vivos: Autopoiese – a organização do vivo*. 3.ed., Porto Alegre: Artes Médicas, 1997.

MATURANA, H. *Emoções e linguagem na educação e na política*. Minas Gerais: UFMG, 2001.

NEGRI, Antonio. *Cinco lições sobre império*. Rio de Janeiro: DP&A, 2003.

PAIS, J. M. *Vida cotidiana – enigmas e revelações*. São Paulo: Cortez, 2003.

SOARES, L. *Educação de Jovens e Adultos*. Rio de Janeiro: DP&A, 2002.

Projeto político-pedagógico na Educação de Jovens e Adultos: identidade do trabalho nas escolas ou instrumento burocrático?

Rosilene Souza Almeida

> Somos madeira que apanhou chuva.
> Agora não acendemos nem damos sombra.
> Temos que secar à luz de um sol que ainda há.
> E esse sol só pode nascer dentro de nós.
> MIA COUTO

Toda escola desenvolve uma proposta educativa, mesmo quando não a explicita. A falta de consciência (ou explicitação) sobre sua proposta dificulta a realização de um trabalho coletivo da equipe, o que depende diretamente da clareza que todos os envolvidos precisam ter em relação aos princípios e às metas que orientam suas ações. Daí a importância de cada escola concretizar sua proposta educativa num projeto que seja norteador de seu trabalho.

A proposta deste artigo é discutir a importância de cada escola construir o seu projeto político pedagógico (PPP), entendendo-o como um meio de engajamento coletivo que busca integrar ações, na perspectiva de criar uma unidade de trabalho que defina a identidade da escola, através de princípios e eixos que iluminem a ação coletiva. Trazendo à luz a Educação de Jovens e Adultos (EJA), considerando os isolamentos dessa modalidade de ensino nos projetos educativos das escolas, que muitas vezes tornam-se excluídos do contexto cotidiano, desrespeitando a maneira singular de ser desse público com suas especificidades, como no caso a madeira, que não pode deixar se apagar e nem de dar sombra, ou seja, fazendo parte desse coletivo conquistando seu espaço como direito.

Façamos como Mia Couto (2005) nos sugere, fazendo emergir o 'sol' em cada um de nós como uma constante em nossas vidas, no sentido de luta permanente na busca de uma sociedade menos excludente e menos desigual. A construção do PPP em cada escola, como uma ação intencional e coletiva, incluindo a EJA como integrante desse contexto, é um passo importante para o "nascer desse sol dentro da escola", sem perder de vista a identidade do trabalho desenvolvido, pois corre-se o risco de se transformar num instrumento burocrático, ou seja, sem sentido para o coletivo, feito apenas como mais uma obrigação, ficando a madeira molhada e sem brilho.

O artigo está organizado em tópicos com as perguntas que costumam ser mais frequentes quando do estudo do PPP na EJA pelos professsores, pensando, assim, numa maneira mais objetiva de entendimento dos referenciais teóricos e metodológicos que norteiam essa construção. Esclareço que por se constituir em perguntas, a intenção não é trazer respostas prontas, acabadas e conclusas, mas possibilitar reflexões, ideias e discussões.

Por que o PPP é político e pedagógico?

É necessário pensar o PPP envolvendo uma construção que objetiva principalmente a transformação em um instrumento emancipador na perspectiva de processo enquanto vivência democrática, ao contrário do que está posto pelo poder instituído, pensando na escola enquanto um espaço de significados e constantes elaborações, conforme Veiga (2003, p. 279) nos orienta a pensar o PPP a partir de novos valores:

> [...] Em vez da padronização, propor a singularidade; em vez de dependência, construir a autonomia; em vez de isolamento e individualismo, o coletivo e a participação; em vez da privacidade do trabalho pedagógico, propor que seja público; em vez de autoritarismo, a gestão democrática; em vez de cristalizar o instituído, inová-lo; em vez de qualidade total, investir na qualidade para todos.

Paulo Freire (1982) nos trouxe a perspectiva de que não se estuda apenas na escola, pois o ato de estudar é mais amplo, visto que é uma "atitude séria e curiosa diante de um problema e na procura de compreender as coisas e os fatos que observamos". Vivenciamos na escola um processo de esgotamento: ela precisa sair do lugar em que está e procurar outros espaços de ressignificação, partindo da visão de que aprendemos o tempo todo e em todos os espaços/tempos possíveis. Daí a importância de pensar na elaboração de uma proposta política-pedagógica para além dos modelos que já estão postos com enfoque em procedimentos administrativos da escola, perdendo de vista o fazer do cotidiano pedagógico. Por isso, é preciso pensar que não existe um tempo a recuperar, mas que o momento é o presente, o agora. Portanto, a concepção de educação que trabalhamos necessita adquirir outras perspectivas, outros enfoques de ensino e aprendizagem.

O PPP é político, mas não partidário, no sentido de compromisso com a formação do cidadão, na participação na administração do município, do Estado e do País, enquanto questão de cidadania. É necessário ter em mente que o PPP é uma construção de luta, visto que busca a autonomia e a gestão democrática, entendida segundo Carbonell (2002), como uma democracia que desenvolve o autoconhecimento e o saber compartilhado, que permitem o acesso e a reflexão em torno do conhecimento e abrem possibilidades para a análise e resolução de problemas. A legitimidade nessa construção está estreitamente ligada ao grau e ao tipo de participação de todos os envolvidos no processo educativo.

Segundo Veiga (2000, p. 192), o projeto dá o norte, o rumo, a direção. Ele possibilita que as potencialidades sejam equacionadas, deslegitimando as formas instituídas. É uma ação intencional, com um sentido explícito, com um compromisso definido coletivamente. Por isso, todo projeto pedagógico da escola é, também, um projeto político já que está intimamente articulado com o compromisso sociopolítico e os interesses reais e coletivos da população.

Esse documento também é pedagógico porque promove ações que refletem processo de aprendizagem e contribuem na busca pela autonomia para uma intervenção e transformação da realidade, ou seja, do mundo em que vivem. Nessa dimensão pedagógica reside a possibilidade da efetivação da intencionalidade da escola, que é a formação do cidadão participativo, responsável, compromissado, crítico e criativo.

Portanto, político e pedagógico têm uma significação indissociável. Nesse sentido é que se deve considerar o projeto político pedagógico como um processo permanente de reflexão e discussão dos problemas da escola, na busca de alternativas viáveis à efetivação de sua intencionalidade.

Como se dá a elaboração do PPP?

É preciso ter em mente que não há um roteiro estabelecido de elaboração do PPP que busque dar conta das especificidades de cada contexto, por isso a elaboração deve acontecer envolvendo todos os níveis da educação básica que cada escola trabalha, não excluindo a EJA, pois essa modalidade possui especificidades que precisam ser consideradas. Face às distorções que muitas vezes ocorrem, é necessário que as escolas reconheçam a EJA como parte do contexto escolar e com os mesmos direitos dos alunos de outros níveis.

A EJA integra o projeto educativo da escola em que se insere, desse modo, não pode ser tratada como mera "inquilina" do espaço escolar. Isso significa, em primeiro lugar, oferecer oportunidades para que os professores dessa modalidade de ensino participem das discussões e da elaboração do PPP da escola.

Concepção e princípios são aspectos que precisam ser aprofundados quando da elaboração do PPP. A concepção entendida como um conceito, ou seja, o que entendemos sobre algo, é necessário dizer o que é e qual o entendimento de um determinado conceito; o primeiro visa concretizar essa concepção no dia a dia, estabelecendo alguns referenciais que sirvam de guia, orientação para a concretização e efetivação das concepções de educação que acreditamos.

Ao elaborar o PPP deve-se explicitar a intencionalidade do currículo, levando em conta os saberes dos alunos, os conhecimentos historicamente construídos, as questões sociais e culturais locais, além de não perder de vista o processo ensino-aprendizagem, no sentido de propor uma reflexão de deslocamento do foco da transmissão de conhecimentos para a atribuição de significados, da construção de saberes e de competências pelos sujeitos de aprendizagem, da avaliação classificatória para a avaliação formativa e reflexiva etc.

Momento de formação com professores com o tema PPP – Maceió/2004

O processo de democratização da escola necessita ser contemplado no PPP, a partir de questões que são cruciais, como: Quais conhecimentos são realmente importantes? Os conhecimentos escolares devem obedecer a uma lista de conteúdos? Como organizá-los? A leitura e a escrita são instrumentos básicos para acessar outros elementos culturais? Diante disso, o grande desafio é manter a coerência com os princípios e critérios que norteiam nossas ações, a fim de que o PPP realmente adquira a identidade do trabalho pedagógico, político e social das escolas.

Os instrumentos burocráticos nas escolas costumam ser entendidos como instrumentos de controle; a proposta é transformá-los em instrumentos significativos que sirvam de referência para nossos fazeres pedagógicos. Há muitos discursos na escola e na prática que continuam com as mesmas questões. Um exemplo é o construtivismo, que foi implantado, mas não foram dadas as diretrizes para colocá-lo em prática nem houve o investimento na formação dos professores, nem avaliação.

O PPP é complexo e precisa levar em consideração as reais necessidades da instituição, a mudança de valores da comunidade, os aspectos estruturais e pedagógicos e outras questões para dar continuidade a esse processo de organização, tendo como referência a real identidade de cada escola, tendo em vista o envolvimento de todos para que a complexidade seja desvendada e reafirmada. Cada escola tem uma identidade própria constituída por uma trama de circunstâncias em que se cruzam diferentes fatores. Cada escola possui uma cultura própria permeada por valores, expectativas, costumes, tradições e condições, historicamente construídos, a partir de contribuições individuais e coletivas. Realidades econômicas e sociais e características culturais estão presentes no interior de cada escola e lhe conferem uma identidade absolutamente peculiar.

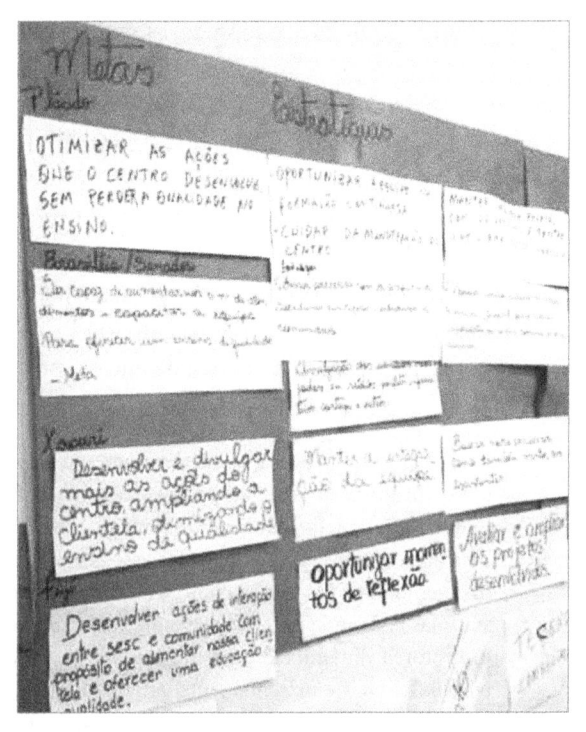

Produção das equipes do Projeto SESC LER no Acre, com a proposta de organização de um planejamento estratégico para orientar a construção do PPP.

A autora Ruth Rocha (2003) em sua história "Quando a escola é de vidro", retrata uma escola fechada, autoritária e padronizada, que desconsidera a diversidade, a cultura e a identidade dos alunos. Essa história nos faz refletir sobre a importância de resgatarmos no PPP a real escola que queremos para os nossos alunos, diante do descompasso de tantas propostas pedagógicas vigentes, que desconsideram as especificidades dos diversos grupos existentes, trazendo consequências como o desinteresse, a resistência, as evasões.

Vivenciei uma experiência de formação continuada de professores com foco na discussão acerca das diretrizes para a elaboração do PPP nos Centros Educacionais do Projeto SESC

LER[1], envolvendo as equipes pedagógicas atuantes no Projeto. Uma dinâmica utilizada pelos municípios onde o Projeto está implantado no Estado de Rondônia foi a escrita de cartas aos outros municípios que estavam iniciando esse trabalho de elaboração do PPP, como forma de estimulá-los e fortalecê-los a continuar essa caminhada. Gostaria de socializar uma carta escrita pela orientadora pedagógica[2] do Centro Educacional presente no município de Vilhena, em Rondônia, a qual estabeleceu uma belíssima e verdadeira relação entre o PPP e o Balé, o qual vou compartilhá-la com a licença da autora, professora Ariadne Colatto Viana:

> Para se montar um bom Espetáculo precisamos de bailarinos dedicados, competentes e que acreditem no potencial individual e coletivo do grupo, também precisamos de uma boa equipe de apoio, aquelas pessoas que ficam normalmente atrás das coxias, nos bastidores mesmo e que sem elas nada seria possível e, finalmente, de coreógrafos e diretores dinâmicos, com capacidade de liderança, porém flexíveis e extremamente articuladores.
>
> Fazer um Projeto Político Pedagógico não é diferente! É necessária muita dedicação, empenho, criatividade, trabalho árduo, às vezes solo, às vezes em duetos, outras em grandes grupos... E o papel da Coordenação e dos Orientadores é o mesmo que dos coreógrafos e diretores do Espetáculo: indicar os passos, orientar, chamar a atenção para o ritmo, para a percepção do outro, planejar o cenário, enfim, ser o fio condutor de todo o processo.
>
> Começar um Projeto Político Pedagógico assim como um Espetáculo de Balé requer planejamento... É necessário conhecer o público, construir o cenário, pensar como

---

[1] Centros Educacionais do Projeto SESC LER: são espaços onde são desenvolvidas ações voltadas para a alfabetização e escolarização de jovens e adultos, nos interiores dos Estados do Brasil. Atualmente há 65 desses centros em funcionamento, mantidos pela Administração Nacional do Serviço Social do Comércio.

[2] Profissional que atua nos centros educacionais como apoio pedagógico ao trabalho dos professores.

nossa abordagem será feita para não assustar ou chocar as pessoas. Também precisamos ter em mente que informações queremos passar, que tipo de cidadão sonhamos formar, para então esboçar o Espetáculo-PPP. Sim, a arte também tem o poder de formar ou deformar pessoas, assim como a escola!!

Após essa sondagem é hora de começar a montar o Espetáculo-PPP. Durante os ensaios/estudos haverá desgastes... Muitos tombos, calos, choro, desentendimentos e necessidade de revisar o já montado farão com sintam vontade de desistir... E as cobranças dos coreógrafos e diretores? Eles têm a missão de estar sempre atentos aos detalhes, chamando atenção para alguém fora do ritmo aqui, outro que se dispersou ali, um que faltou ao ensaio, enquanto mais dois se chateiam com o eterno fazer / refazer... Todos precisam saber que avaliar o andamento da coreografia/projeto é essencial sempre!

Aliás, alguns pilares para o trabalho dos coreógrafos/ orientadores são: a organização, a motivação e a investigação. Se não há tempo nem olhos e ouvidos capazes de captar tudo, deleguem responsabilidades, despertem potenciais de liderança, investiguem e apostem nas habilidades de seus professores/bailarinos e peçam ajuda!

Mas é preciso não ter ilusões!

Apenas coreógrafos e bailarinos não fazem um Espetáculo... Há as costureiras do figurino, o pintor, o cenógrafo, o iluminador, o sonoplasta, a zeladora, o bilheteiro, os patrocinadores, etc. E há o principal, àqueles que são o motivo de todo o nosso trabalho: o público/ aluno, porque sem eles o palco seria apenas um lugar frio, alto e amedrontador. Nunca percam seu público de vista! Seus anseios, suas vontades, suas necessidades e saberes... Conversem com ele, perguntem, peçam ajuda! É o princípio da gestão compartilhada!

Não esqueçam também que a escola e o teatro são espaços de construção e reconstrução do saber; que o Projeto Político Pedagógico, assim como a arte possibilita resgate da identidade cultural, reflexão sobre o eu, autonomia, liberdade e poder de transformação.

Por isso ousem, dancem, sonhem, criem e se a crítica vier, absorvam o que há de bom e continuem em frente! O bacana é sonhar com o reconhecimento e com o aplauso que com certeza virá!

Ah, mais uma coisa:

O SHOW NUNCA PODE PARAR ...

Com base na relação que Ariadne estabeleceu do balé com o PPP, gostaria de sinalizar seis pontos importantes e fundamentais apontados e que devem servir de parâmetro para a elaboração desse trabalho:

1) "Acreditar no potencial individual e coletivo do grupo" é condição essencial para o avanço dessa construção, pois segundo Veiga (2003), o PPP deve perseguir os objetivos dos atores e grupos envolvidos no ato educativo, em sua globalidade.

2) "Ser o fio condutor de todo processo", procurando enfrentar os confrontos e as resistências, na busca de novas possibilidades e novos compromissos.

3) "É necessário conhecer o público" e "nunca percam seu público de vista", pois o PPP precisa corporificar a identidade da escola, voltando-se para a inclusão, na intenção de atender a diversidade desses diferentes sujeitos, levando-se em conta suas procedências sociais, suas necessidades e suas expectativas educacionais, entendendo conforme Santos (1999) nos orienta que "temos o direito de ser iguais sempre que a diferença nos inferioriza assim como temos o direito de ser diferentes sempre que a igualdade nos descaracteriza".

4) "...tombos, calos, choro, desentendimentos..." fazem parte da elaboração do PPP, visto que é um processo de construção coletiva que reúne diferentes vozes, dando margem ao exercício da democracia.

5) "...ousem, dancem, sonhem, criem...", essa vivência coletiva do PPP requer compromisso de todos no seu

processo de desenvolvimento das escolhas traçadas fundamentadas no próprio fazer cotidiano, por isso caminhos e descaminhos, acertos e erros serão compartilhados por todo o coletivo, fazendo emergir, conforme Mia Couto (2005) nos abrilhantou, o nascer do sol que existe dentro de cada um de nós.

Para organizar o PPP, não há um prazo de validade de sua utilização, pois parte do princípio de uma avaliação contínua do processo, que determinará ou não a revisão de alguns aspectos em tempos e espaços a serem definidos conjuntamente com o coletivo. O PPP é amplo e extenso; assim, é necessário que as mudanças aconteçam inicialmente dentro de nós, para que possamos dialogar com o outro. Desse modo sugerimos como referência a educadora Madalena Freire (1996), que nos orienta a fazer um exercício contínuo de escuta sensível em prol de uma gestão democrática, abrindo espaço para que cada um possa expressar seus sentimentos, suas dificuldades e seus equívocos. Sugerimos também o filósofo português Boaventura de Sousa Santos (1995), na construção do olhar sensível de todos os envolvidos na construção do PPP que só se constitui a partir do enredamento entre os múltiplos espaços/tempos em que nos inserimos e que formam e constituem "a rede de subjetividade que cada um de nós é", por isso a importância desse tecer coletivo.

Como incluir a EJA com suas especificidades no PPP?

Pensando especificamente na EJA, há documentos norteadores que fundamentam as suas ações como as Diretrizes Curriculares Nacionais que a definem como modalidade da educação básica e como direito do cidadão, diferindo da ideia de compensação e suprimento, avançando para as funções de reparação, equidade e qualificação. Assim, "a EJA não é um nível de ensino, mas uma modalidade da educação básica e, por princípio, pode oferecer aquilo que precisam os jovens e os adultos desescolarizados e/ou não alfabetizados: currículos mais flexíveis, adequados tanto às experiências de vida desse público quanto aos saberes produzidos no mundo do trabalho e às necessidades da sociedade contemporânea, dentro de uma dinâmica social".[3]

Na Conferência Mundial sobre Educação para Todos, realizada em Jomtien (Tailândia), em 1990, foi elaborado um documento que apresenta uma visão ampliada de educação que precisa ser considerada como parte constituinte do PPP: educação para todos; educação ao longo da vida; foco na aprendizagem; educação para além da escola, em ambientes diversificados.

Outro conceito apresentado nesse documento diz respeito às necessidades básicas de aprendizagem como os conhecimentos, as capacidades, as atitudes e valores necessários para que as pessoas sobrevivam, melhorem sua qualidade de vida e continuem aprendendo.

Entre os principais desafios que a área de Educação de Jovens e Adultos precisa superar destacam-se: (a) alfabetizar e garantir a EJA na perspectiva de uma visão ampliada de educação ao longo da vida; aproximação entre discurso e prática pedagógica; (b) necessidade de propostas com impactos de intervenção na realidade; (c) acompanhamento e cobrança de políticas públicas mais coerentes e efetivas; (d) investimento na formação continuada de professores; (e) possibilidade de troca de informações/experiências.

Destacam, assim, nas diretrizes de EJA, como modalidade de educação básica, o perfil dos alunos e a faixa etária ao elaborar um modelo pedagógico, que assegure:

- equidade: distribuição dos componentes curriculares, propiciando patamares igualitários de formação com o

---

[3] Educação de Jovens e Adultos. Proposta Curricular, 2º segmento do Ensino Fundamental, MEC, Brasília, 2002.

restabelecimento da igualdade de direitos e de oportunidades em relação ao direito à educação;
- diferença: respeito à alteridade própria dos jovens e adultos no processo formativo, com a valorização dos conhecimentos e valores de cada um.

Pensar-se na organização em EJA significa atentar-se para os tempos (de aprendizagem, da escola); espaços (por exemplo, estão dispostas as carteiras); agrupamentos (não se aprende sozinho, esforço de sair do individual para o grupo) e o currículo, focado em temas, aprendizagens, com a concepção de conhecimento, e não de conteúdo. Pensar em currículo é trazer à luz a identidade/tradução do trabalho pedagógico, ou seja, um conhecimento identitário construído a partir de um triplo processo: humanização, socialização e singularização, entendendo o ser humano como ser social, que possui singularidades.

Entender e contemplar no PPP a dimensão dos tempos específicos da vida humana dos jovens e adultos, ou seja, procurando conhecer quem são esses alunos, como vivem, o que pensam, sentem e fazem, considerando que, quando percebem a escola atenta às suas necessidades, problemas e preocupações, eles desenvolvem a autoconfiança e a confiança nos outros, ampliando as possibilidades de um melhor desempenho escolar.

O vídeo *Além da lousa – culturas juvenis*, produzido pela ONG Ação Educativa (2000), nos mostra uma experiência com a inclusão da EJA como parte integrante da escola, principalmente do público jovem, abordando ações alternativas comunitárias e de solidariedade, demonstrando que é possível fazer um trabalho significativo e de sentido para os alunos, a partir da proposição de abertura dos portões das escolas para outras experiências educativas, tendo como foco a valorização de saberes e de culturas dos alunos. Nesse vídeo são apresentados três momentos: o primeiro com a imagem de uma escola 'fria', suja, cercada de grades, ou seja, sem sentido para os jovens, pois não se identificam como coletivo pertencente a esse espaço; o segundo com espaços educativos que existem onde são desenvolvidos projetos de reciclagem de lixo, movimentos juvenis, artes e teatro com a participação da comunidade; e o terceiro com a experiência de uma escola que apresenta em seu currículo uma concepção de conhecimento que valoriza a liberdade de criação e manifestação cultural, em que educadores e jovens apontam caminhos promissores para que a escola vá 'além da lousa'.

A partir desse contexto, enfatizamos que a realidade cotidiana que mostra o público da EJA precisa ser considerado no PPP: fazem parte da identidade da escola as possibilidades de trabalhos alternativos com foco na valorização dos saberes e dos conhecimentos dos alunos, respeitando as suas necessidades, criando assim espaços em que a relação ensino e aprendizagem torna-se mais significativa e prazerosa.

Fica evidente que a escola vive uma crise,[4] com os(as) alunos(as) e os(as) professores(as) se perguntando a que ela se propõe. Essa crise é reflexo da crise da sociedade: os velhos modelos nos quais as instituições tinham um lugar socialmente definido já não correspondem à realidade. Convivendo com esses jovens e adultos, olhando a escola a partir da sua ótica, é necessário se perguntar o que a escola pode fazer por eles, mas sem correr o risco de assumir o discurso dominante que difunde uma imagem da educação, restrita à escola, como solução para todos os males. Eles demandam redes sociais de apoio mais amplas, com políticas públicas que os contemplem em todas as dimensões, desde a sobrevivência até o acesso aos bens culturais. O primeiro desafio para nós, educadores, é ampliar a nossa reflexão para fora dos muros escolares e buscar saídas no jogo das forças sociais.

---

[4] A noção de crise é utilizada na perspectiva de mutações profundas, em que se esgotam modelos anteriores e ainda não estão delineados os novos.

Evidencia-se no interior de muitas escolas o aparecimento das contradições em relação aos aspectos próprios de currículo que estão internalizados nas práticas dos professores, porém inibidos face às propostas curriculares oficiais, por isso a importância da construção do PPP de cada escola, na perspectiva de representar esse trabalho que é oculto, mas na verdade é a própria identidade desses diferentes grupos, incluindo a EJA.

Para fazer um trabalho de qualidade e dentro de uma concepção de educação que valoriza o aluno jovem e adulto enquanto sujeito social e de direito, é preciso repensar se as práticas cotidianas estão voltadas para esses objetivos. Apresentamos, a seguir, um texto extraído da Internet, que demonstra pequenas atitudes com soluções simples que podem mudar todo um trabalho:

> Quando as equipes da NASA começaram a enviar astronautas ao espaço, descobriram que as canetas não funcionavam na gravidade zero: a tinta não descia para o papel. Contrataram então a firma Anderson Consulting (hoje: Accenture) para encontrar uma solução. A companhia levou dez anos e gastou 12 milhões de dólares para criar uma caneta que funcionasse na gravidade zero, de cabeça para baixo, dentro d'água, escrevesse em qualquer superfície e até em cristal, em temperaturas desde o congelamento até 300 graus centígrafos. Os russos usaram o lápis.

Concluímos que sonhar com uma caneta desse tipo deve ser uma utopia, mas podemos começar com o lápis. Sonhar é importante, mas fazer a relação com a realidade é fundamental para a viabilidade de um projeto seja ele educativo ou não.

Algumas considerações inconclusas

Não podemos também perder de vista a melhoria da qualidade do ensino, incluindo a formação de nossos professores, que deve ser permanente e contínua, quando entendida a partir do pressuposto de que a educação é um processo e é formada por ações cotidianas. Reconhecemos ainda, segundo Oliveira (2003), que o cotidiano tem como características fundamentais a multiplicidade, a provisoriedade, o dinamismo e a imprevisibilidade, ou seja, necessitamos buscar tecer novas formas de entendimento dos processos de criação das ações e de suas múltiplas formas de manifestação, expressas e registradas por meio dos PPPs de nossas escolas.

Essas pequenas ações representam nossos fazeres cotidianos que devem ser fundamentados e sustentados pelo projeto, na tentativa de contribuir com uma escola democrática, pois segundo Gentili (2002, p. 42):

> [...] É na escola democrática que se constrói a pedagogia da esperança, antídoto limitado ainda que necessário contra a pedagogia da exclusão que nos impõem de cima e que, vítimas do desencanto ou do realismo cínico, acabamos reproduzindo desde baixo.

Concordando com Arroyo (2000), acredito que por meio dessas reflexões, das novas práticas que advêm dessas ações cotidianas podemos fazer da escola um tempo mais humano, humanizador, esperança de uma vida menos inumana. Essa esperança deve vir acompanhada de paciência, na perspectiva de Gullar (2007), de ser capaz de manter o inconformismo e lutar até o fim. Esse é um desafio para o qual não existem receitas. Como dizia o poeta Machado (1998), "[...] caminante, no hay camino, se hace camino al andar", e o PPP deve ser esse caminhar cotidiano de nossas escolas com suas características próprias que definem suas identidades.

Paulo Freire (1993) sempre foi um otimista da esperança, e entender essa perspectiva é importante para que nos fortaleçamos enquanto seres humanos de esperança por um mundo mais justo e menos desigual, onde a democracia prevaleça. Esses princípios e essas práticas devem ser iniciados nas escolas, conforme explicou em uma passagem de seu livro Pedagogia da Esperança:

[...] Não sou esperançoso por pura teimosia, mas por imperativo existencial e histórico.

Não quero dizer, porém, que, porque esperançoso, atribuo à minha esperança o poder de transformar a realidade e, assim convencido, parto para o embate sem levar em consideração os dados concretos, materiais, afirmando que minha esperança basta. Minha esperança é necessária, mas não é suficiente. Ela, só, não ganha luta, mas sem ela a luta fraqueja e titubeia. Precisamos da esperança crítica, como o peixe necessita da água despoluída.

Referências

ARROYO, M. *Ofício de mestre*. Petrópolis: Vozes, 2000.

CARBONELL, J. *A aventura de inovar: a mudança na escola*. Porto Alegre: Artmed, 2002.

CHAUÍ, M. Janela da alma, espelho do mundo. In: NOVAES, A. (Org.). *O olhar*. São Paulo: Companhia das Letras, 1999.

COUTO, M. *O último vôo do flamingo*. São Paulo: Companhia das Letras, 2005.

FREIRE, M. (Coord.). *Observação, registro, reflexão: instrumentos metodológicos*. 2. ed. São Paulo: Produções Gráficas, 1996. (Série Seminários).

FREIRE, P. *A importância do ato de ler*. São Paulo: Editora Cortez, 1982.

FREIRE, P. *Pedagogia da esperança: um reencontro com a pedagogia do oprimido*. Rio de Janeiro: Paz e Terra, 1993.

GENTILI, P.; ALENCAR, C. *Educar na esperança em tempos de desencanto*. 2. ed. Petrópolis: Vozes, 2002.

GULLAR, F. Conferência proferida no 16º COLE – Congresso de Leitura do Brasil em Campinas, São Paulo, julho de 2007.

MACHADO, A. *Antologia poética*. Barcelona: Óptima, 1998.

OLIVEIRA, I. B. *Currículos praticados: entre a regulação e a emancipação*. Rio de Janeiro: DP&A, 2003.

ROCHA, R. Quando a escola é de vidro. In: *Este admirável mundo louco*. 2.ed. São Paulo: Salamandra, 2003.

SANTOS, B. S. *Pela mão de Alice. O social e o político na pós-modernidade*. São Paulo: Cortez, 1995.

SANTOS, B. S. *A construção multicultural da igualdade*. Coimbra: Centros de Estudos Sociais, 1999.

VEIGA, I. P. A. Inovações e projeto político-pedagógico: uma relação regulatória ou emancipatória? *Caderno Cedes*, Campinas, v. 23, n. 61, p. 267-281, dezembro 2003. Disponível em <http://www.cedes.unicamp.br>.

VEIGA, I. P. A. Projeto político-pedagógico: continuidade ou transgressão para acertar? In: CASTANHO, M. E. L. M.; Castanho, S. (Org.). *O que há de novo na educação superior: do projeto pedagógico à prática transformadora*. Campinas: Papirus, 2000.

VIANA, Ariadne Colatto. *Carta sobre o PPP*. Vilhena, Rondônia, junho de 2004. Disponível em: <http://www.scielo.br>. Acesso em: 7 nov. 2006.

Vídeo

Além da Lousa: culturas juvenis, presente! Grupo Educação Ritmo de Rua, (Direção e Roteiro). São Paulo: Ação Educativa - Assessoria, Pesquisa e Informação, [2000]. 1 fita de vídeo (14 min). em S-VHS; som; cor; 3 ex.

Educação de Jovens e Adultos, organização social indígena e projetos de futuro

Domingos Nobre

Este texto objetiva discutir as relações entre Educação de Jovens e Adultos (EJA), Organização Social Indígena e projetos de futuro para as sociedades indígenas, na perspectiva da educação não formal e ao longo da vida, a partir da experiência de 12 anos de assessoria pedagógica à comunidade Guarani Mbya da Aldeia Sapukai, em Angra dos Reis, no Estado do Rio de Janeiro, em projetos de formação contínua de professores indígenas, e em especial no Projeto: "Segurança Alimentar Indígena Guarani",[1] com professores, agentes de saúde, jovens, mulheres e lideranças.

Na primeira parte, apresenta uma breve fundamentação teórica em torno do novo paradigma da EJA enquanto um conceito de educação para toda a vida, presente nos principais documentos

---

[1] Aprovado em edital de seleção pública e financiado pelo Programa Petrobras-Fome Zero, para os anos de 2005 a 2007.

internacionais, para em seguida mostrar como no Brasil a EJA Indígena ainda é um campo incipiente de estudos, pesquisas e sistematização, assim como de políticas públicas.

Na terceira parte mostra o processo de "guaranização" sofrido pelos diversos projetos agrícolas, de saúde e de autossustentação, envolvendo jovens e adultos, já implementados na Aldeia Sapukai e "abandonados" pelos Guarani.[2]

Na quarta parte, descreve sucintamente o modelo de organização social indígena guarani baseado no *joapygua* – na família extensa – e no *joegua'i* (família nuclear), que envolvem relações de território, consanguinidade, afinidade, reciprocidade e fatores sociais e políticos.

Finalmente, reflete sobre a experiência de trabalho de EJA em segurança alimentar desenvolvida no âmbito do projeto *Segurança Alimentar Indígena Guarani*, numa perspectiva de educação enquanto oportunidade de formação por toda a vida.

Encerra concluindo que ações de EJA em comunidades indígenas devem levar em conta o projeto étnico-político de futuro em construção pelo povo, o papel da escola nesse projeto e, acima de tudo, a estrutura da organização social indígena em questão.

Os marcos da EJA

A concepção de Educação de Jovens e Adultos vem nos últimos anos deslocando-se de uma visão compensatória e

---

[2] Segue-se aqui a norma culta da Convenção para a Grafia dos Nomes Tribais, estabelecida pela Associação Brasileira de Antropologia (ABA) em 14 de novembro de 1953. Ela indica o uso de maiúsculas para os nomes tribais – mesmo quando a palavra tem função de adjetivo – e o não uso do plural. Como a primeira norma é uma influência da língua inglesa, adaptou-se da seguinte maneira: quando a denominação de uma etnia é um adjetivo, é escrita com minúscula ("língua guarani"); quando é substantivo gentílico, com maiúscula ("os Guarani"). A segunda forma – a inflexão no plural – deve-se à intenção de evitar o hibridismo do acréscimo do "s",pois são palavras em línguas indígenas (que podem já estar no plural, ou que não existam no plural naquela língua)

supletiva para assumir uma perspectiva de educação para toda a vida, conforme apontou a declaração de Hamburgo (1997). A educação ao logo da vida engloba todo o processo de aprendizagem, formal ou informal, por meio do qual pessoas adultas desenvolvem suas habilidades, enriquecem seu conhecimento e aperfeiçoam suas qualificações técnicas e profissionais, direcionando-as para a satisfação de suas necessidades e as de sua sociedade. Assim, a EJA inclui a educação formal, a educação não formal e o espectro da aprendizagem informal e incidental disponível numa sociedade multicultural.

Dois fatores, segundo Di Pierro (2005), são causadores dessa mudança de paradigma que predominou na Declaração de Hamburgo e informou o marco legal da EJA no Brasil: o desenvolvimento das ciências cognitivas e do pensamento pedagógico contemporâneo, incorporando o resultado de pesquisas, estudos e práticas pedagógicas inovadoras, bem como a transformação dos nexos entre educação e trabalho, advindas do atual estágio de desenvolvimento do capitalismo globalizado de caráter neoliberal que impõe a busca por atualização permanente ao longo de toda a vida.

Em relação ao nosso marco legal, foi significativa a publicação do parecer CEB 11/2000,[3] que sustenta as diretrizes curriculares nacionais para a EJA, pois enfatiza o direito público subjetivo, estabelece as funções reparadora, equalizadora e qualificadora para a EJA, distingue a EJA da aceleração de estudos, que visa à regularização do fluxo escolar de adolescentes, além de assinalar a necessidade de contextualização do currículo e das metodologias, conforme Di Pierro (2005).

Apesar dos inúmeros avanços já apontados no quadro da educação escolar indígena no Brasil, são também notórios os enormes obstáculos que ainda se colocam, conforme apontado

---

[3] Parecer 11/2000 – Relatório e parecer da Câmara de Educação Básica (CEB) do Conselho Nacional de Educação, que baseou a Resolução do CNE que fixou as Diretrizes Curriculares Nacionais para a Educação de Jovens e Adultos pelo MEC.

pelos participantes do VI ELESI – encontro de leitura e escrita em sociedades indígenas, no âmbito do 15º Congresso de Leitura e Escrita (COLE) – , há ainda:

> [...] uma ausência de políticas lingüísticas, uma descoordenação entre as políticas públicas indigenistas, dificuldades nos processos de reconhecimento e regularização das escolas indígenas e na implantação de turmas de 5ª a 8ª Séries e ensino médio nas escolas indígenas, manipulação política dos Conselhos Municipais de Educação, má distribuição dos recursos do antigo FUNDEF[4] ausência de mecanismos de controle social das políticas públicas, [...] limites da legislação em relação a reconhecer o caráter diferenciado da escola indígena, uma incipiente qualificação profissional dos técnicos das secretarias estaduais e municipais, a não aplicação completa dos programas educacionais específicos federais à escola indígena, o não atendimento à demanda por Ensino Superior Indígena e a "competição" entre diferentes órgãos públicos. (NOBRE, 2005)

Tais obstáculos afetam diretamente a EJA indígena, um campo que carece de mais estudos e pesquisas.

A EJA indígena

Uma Educação de Jovens e Adultos indígena ainda é um campo em construção, tanto do ponto de vista das práticas pedagógicas como do ponto de vista discursivo.

Segundo Silva (2005) o ponto de convergência entre EJA e educação para populações indígenas tem sido apenas a

---

[4] A Medida Provisória 339/06 estabeleceu, como referência para o FUNDEB o fator 1, que corresponde ao valor aplicado por estados e municípios, em 2006, ainda na vigência do FUNDEF, para as séries iniciais do ensino fundamental (1ª a 4ª), e fixou como referências para a distribuição entre as outras etapas e modalidades o intervalo entre 0,7 (menor) e 1,3 (maior). Uma oscilação da ordem de 30% para cima ou para baixo. A educação indígena e quilombola ficou com o coeficiente de distribuição de 1,3.

capacitação de professores e agentes de saúde. Assim, a lacuna de trabalhos que estudem o atual quadro da EJA em sociedades indígenas ainda é grande em ambos os campos.

Nas conclusões do relatório "Adult education and indegenous people in Brazil" (2003), iniciativa da UNESCO, coordenada no Brasil por Aracy Lopes da Silva, aponta-se que a maior parte dos projetos de educação para os povos indígenas no Brasil envolve cursos de capacitação para professores e agentes de saúde indígenas, enquanto programas voltados para capacitação de técnicos em meio ambiente são em número reduzido.

Entretanto, o referido relatório salienta que, do ponto de vista administrativo e contábil, os dados do MEC não apresentavam ainda estipulação prevista na área de educação de adultos para povos indígenas, pois tudo o que constava até a data (2000) era classificado como "educação escolar para povos indígenas/educação escolar indígena", refletindo, assim, a insipiência ainda desse campo no Brasil.

Há que se registrar que a discussão em torno da capacitação de técnicos ambientais, agrícolas, de ecoturismo e de outras áreas ligadas à autossustentação das comunidades indígenas têm sido alimentada recentemente pelo aumento significativo das demandas por ensino médio e superior indígenas.

Assiste-se hoje a um processo acelerado de escolarização nas comunidades indígenas em todo o País, cuja prioridade inicial foi a oferta de ensino fundamental, mas hoje avança em direção à implantação de escolas de ensino médio nas aldeias e cursos de graduação específicos para indígenas ou aumento de vagas para indígenas no ensino superior não indígena. Sabe-se também que a população indígena vem crescendo a uma taxa próxima dos 4,0% ao ano, e os jovens e as crianças constituem a maioria dessa população. Nesse contexto, a oferta de ensino médio integrado ao ensino tecnológico aos jovens indígenas é estratégica para a garantia dos projetos de futuro de cada povo, conforme Baniwa (2007, p. 3):

[...] na atualidade, o desafio é estender o atendimento ao ensino médio e superior. o censo escolar de 2003, realizado pelo instituto nacional de estudos e pesquisas educacionais (inep), já apontava que naquele ano existiam 150.000 estudantes indígenas no brasil. desse total, 3% (4.500 alunos aproximadamente) estavam no ensino médio. o censo escolar de 2006 revela que esse número de estudantes indígenas subiu para 172.256, dos quais 4.749 são do ensino médio. O número parece irrisório, mas representa um crescimento de 400% só nos últimos quatro anos, uma vez que em 2002 eram 1.187 alunos indígenas do ensino médio. outro dado curioso é em relação ao ensino superior, em que se estima 4.000 estudantes indígenas cursando graduação ou pós-graduação, o que representa mais da metade do contingente de estudantes indígenas do ensino médio.

Há uma enorme carência em relação à formação de jovens e adultos para o desempenho profissional de tarefas ligadas à agricultura, manejo florestal, criação de gado, piscicultura, apicultura, artesanato, turismo ecológico e cultural, cooperativismo, extração mineral e vegetal, enfim, trabalhos ligados aos seus projetos de autossustentação. Nesses projetos, diversos jovens e adultos estão imersos em ricos processos de educação na perspectiva de educação ao longo da vida.

Como afirmou Baniwa (2007, p. 19):

> [...] O Ensino Médio indígena é uma parte do processo único de formação do jovem indígena, considerando que, para os índios, a formação intelectual e de habilitações práticas faz parte de toda a vida. É importante ter clareza deste pressuposto da escola indígena, de em que tudo o que o indivíduo e a comunidade produzem e/ou reproduzem estão disseminando conhecimentos, num processo permanente e contínuo, na medida em que tudo tem um objetivo único que é contribuir para o bem-estar da comunidade e, conseqüentemente, dos indivíduos que compõem esta comunidade. Na escola indígena, tudo isso deve ser trabalhado desde o início da formação escolar e para além da escola.

Aqui fica clara a necessária relação entre Ensino Médio indígena e projeto de sociedade: qual a perspectiva de trabalho para a escola senão contribuir para o desenvolvimento sociossustentável da comunidade, através da formação de jovens e adultos em bases autônomas?

A Gerência de Projetos da Coordenação-Geral de Educação da FUNAI de Brasília, recentemente realizou uma pesquisa qualitativa de caráter nacional, coordenada pela professora Helena Di Biasi, onde, ouvindo grupos de jovens e lideranças indígenas de aldeias das cinco regiões, fez um levantamento inédito dos problemas que afetam a juventude indígena no País. O trabalho, desenvolvido no âmbito do PPA 2004-2006 da FUNAI: "Identidade Étnica e Patrimônio Cultural dos Povos Indígenas", teve como ação o "Atendimento a Adolescentes e Jovens Indígenas em Situação de Risco Social". O objetivo de tal pesquisa, ainda em fase de sistematização, é orientar políticas públicas para juventudes indígenas.

A partir de um projeto – desenvolvido na aldeia Sapukai, em Angra dos Reis – trarei, a seguir, algumas reflexões sobre as implicações de um programa de Educação de Jovens e Adultos em segurança alimentar em comunidades indígenas.

A *guaranização* dos projetos coletivistas...

Diversos projetos de autossustentação vinham sendo implementados nas aldeias guarani no Rio de Janeiro, sob a proposição de diversos órgãos públicos e entidades privadas (Ongs) na década anterior (1990-2000).

Entretanto, um dos problemas enfrentados pelas comunidades indígenas guarani tem sido a falta de adequação das ações implementadas nas Aldeias à estrutura da organização social Guarani tradicional e a sua consequente desarticulação entre as áreas trabalhadas pelos projetos. Os diversos projetos, de caráter educativo, em diferentes áreas, envolvendo jovens e adultos, como educação, autossustentação, cultura e saúde principalmente, já experimentados por diversas entidades e instituições ainda não obtiveram os resultados duradouros desejados, porque na sua concepção não conseguiram tomar como base a necessária adequação ao *Nhande Reko*[5] e à estrutura social guarani, que é baseada na família extensa – os *joapygua* e os *joegua'i*.[6] Além disso, os projetos implementados constituíram ações isoladas e independentes.

Tal avaliação é hoje consensual entre diversas instituições públicas e privadas que atuam nas comunidades indígenas guarani no Rio de Janeiro e foi expressa no documento público: "Diagnóstico de Gestão Ambiental da Aldeia Sapukai",[7] organizado por Silva e Ribeiro (2002).

Desde pomares, viveiros de mudas, açudes (para criação de tilápias e carpas), a casa de farinha, a pocilga (para criação de porcos), o galinheiro, passando pelo CD de música e chegando à produção de artesanato, todos os projetos basearam-se num modelo de organização social que não corresponde à configuração sociocultural real da comunidade, que está baseada nos *joapygua*. Os projetos supunham uma comunidade vivendo um modo de produção e uma estrutura social coletivos, que na prática não existe. Todos faliram. As plantações foram feitas prevendo um trabalho de mutirão e gestão coletivos, assim como todos os outros projetos, que foram abandonados. Os guaranis não se sentem "donos" desses empreendimentos "coletivos". Agora, cada *joapygua* cria suas galinhas em torno das casas, alguns *joapygua* mantiveram seus porcos depois

---

[5] *Nhande reko* – Modo, jeito de ser Guarani, cosmovisão Guarani.

[6] *Joapygua* – Família extensa com dimensões territoriais, consanguíneas, sociais e políticas. *Joegua'i* – Família nuclear ligada por laços consanguíneos.

[7] Realizado pela Secretaria de Estado de Agricultura, Abastecimento, Pesca e Desenvolvimento do Interior e Empresa de Assistência Técnica e Extensão Rural (EMATER), em convênio com o Ministério do Meio Ambiente/Fundo Nacional do Meio Ambiente, em parceria com a Associação Comunitária Indígena do Bracuí (ACIBRA), Prefeitura Municipal de Angra dos Reis, Fundação Nacional de Assistência ao Índio (FUNAI) e Sociedade Angrense de Proteção Ecológica (SAPE).

que a pocilga comunitária faliu. Recentemente as famílias têm plantado palmito pupunha, mandioca e feijão ao redor de suas casas. A maioria das plantações até hoje era oriunda de projetos externos, prevendo alimentação para os mutirões, ferramentas para o trabalho e recursos para as benfeitorias.

Segundo D'Angelis,[8] trata-se de uma carga imposta de fora e a partir do interesse de fora, que os guarani não querem carregar. A forma de *guaranizar* a proposta "coletivista" do *branco* é fazê-la fracassar. Trata-se, portanto, de resistência ativa, não de abandono.

O "diagnóstico de gestão ambiental" já citado conclui, "contudo, estes projetos por serem coletivos não respeitaram alguns aspectos culturais, o que resultou em abandono por parte da comunidade" (SILVA; RIBEIRO, 2002, p. 6). O documento refere-se a diversas iniciativas de autossustentação levadas a cabo nos *joapygua*, como aquelas já observadas e citadas anteriormente.

Tal crítica já é antiga nos estudos sobre os chamados "projetos de subsistência" e os de "desenvolvimento econômico". Silva (1995) já apontava o mesmo problema para projetos "comunitários" desenvolvidos pela FUNAI nos anos 1970 na onda da pressão integracionista, que ignoravam que a comunidade é dividida muitas vezes em facções políticas, por rivalidades ou simplesmente pelo sistema de parentesco.

Esses projetos implicam alteração nas formas de organização tradicional do trabalho, uso e distribuição dos bens produzidos e impõem uma perspectiva acumulativista e previsora (de poupar). É contra isso que os Guarani resistem ativamente, pois contraria os fundamentos de seu *Nhande Reko*. Até hoje os esforços empreendidos na solução do problema tiveram como tônica a oferta de recursos externos para alimentação indígena, como cabras para retirada do leite e compra de alimentos para os índios.

---

[8] Comunicação pessoal em 2005.

Tais ações não conseguiram incidir sobre aspectos formativos de educação alimentar nem se inserir organicamente na estrutura da organização social indígena, que veremos a seguir.

A organização social Guarani

A organização social guarani baseia-se no chamado *joapygua*, na família extensa, composta de pai/sogro, filhos solteiros, filhas casadas, genros, avós e agregados. *"Ela é uxorilocal mas 'temporária'* (isto é, o genro habita a casa de seu sogro até o nascimento do primeiro filho e a estabilização do casal, quando então estará livre para decidir seu destino residencial" (LADEIRA, 1988, p. 25).

A noção de *joapygua* é ampla e envolve relações de consanguinidade, afinidade, reciprocidade e fatores sociais e políticos, implicando a conformação de novas territorialidades entre os moradores de uma mesma aldeia e membros das várias *joegua'i* (famílias nucleares). Uma *joegua'i* é uma família nuclear ligada por laços consanguíneos de parentesco.

Entretanto, um *joapygua* não é um conjunto de *joegua'i*, pois aquele é atravessado por relações de afinidade, reciprocidade, relações sociais e políticas que superam os limites da consanguinidade e da localização espacial física. Assim, mobilidade e multilocalidade são outras noções importantes para se compreender a estrutura da organização social guarani. Viu-se na aldeia sapukai que há exemplos de bilocalidade, matrilocalidade, bem como de patrilocalidade convivendo mutuamente na composição dos *joapygua*.

Para Pissolato (2004, p. 70), o mapa social assume feições muito variadas:

> [...] modos diversificados de organização espacial, que variam conforme os estágios de desenvolvimento dos grupos de parentesco, o mapa das alianças (altamente mutável), e a combinação de formas econômicas de trabalho também variadas – reunindo muitas vezes uma

"economia familiar" mais ou menos extensa [...] e outras formas "individuais" de captação de recursos, [...] – e por fim, com modos, também diversificados de organização da liderança.

Foi realizado no *diagnóstico de gestão ambiental* um censo por *joapygua*, em 2002, atualizado e revisado em seus critérios de classificação em 2004, por Eunice da Silva do CIMI[9], que aplicou outro critério – o espaço de influência sociopolítica e econômica, localizando, assim, oito *joapygua* na aldeia sapukai (PROJETO, 2006).

A experiência de EJA num projeto de segurança alimentar

O projeto "Segurança Alimentar Indígena Guarani"[10] buscou aliar ações educativas de alimentação e saúde inseridas na estrutura social Guarani tradicional, a partir da formação dos educadores, agentes de saúde e lideranças indígenas para o desenvolvimento de atividades dentro das famílias nos *joapygua*.

A metodologia utilizada foi participativa e realizou atividades como: oficinas práticas, mutirões de trabalho, reuniões de planejamento e reflexão, cursos de treinamento e seminários de resultados.

O projeto foi fruto das propostas levantadas pelas lideranças comunitárias das aldeias nas oficinas de estudo da cartilha do Programa Fome Zero (WERNECK, 2005) que apontou para quatro áreas prioritárias de intervenção: nutrição, educação, organização social guarani e geração de renda.

---

[9] CIMI – Conselho Indigenista Missionário, órgão da Conferência Nacional dos Bispos do Brasil (CNBB).

[10] Entidade proponente: Associação Comunitária Indígena de Bracuí (ACIBRA). Parceiros: Centro de Assessoria Intercultural Kondo (CAIK); Pastoral da Criança; Padaria do Freitas e Fundação Nacional de Saúde (FUNASA). Entidade patrocinadora: Petrobras – Programa Fome Zero, através de concorrência pública nacional.

a) Educação

O projeto objetivou inserir nas atividades educativas no cotidiano da escola, com alguns projetos pedagógicos[11] a serem desenvolvidos pelos educadores, agentes de saúde, mulheres e lideranças nos *joapygua* com o tema gerador: "nutrição".

Apostou-se numa proposta de EJA indígena diferenciada, bilíngue e intercultural, inserida na estrutura da organização social Guarani na perspectiva da melhoria da qualidade de vida, onde a segurança alimentar constitui um eixo privilegiado do trabalho educativo. O trabalho de educação teve como tema gerador a nutrição e sua inserção na estrutura da organização social Guarani, numa perspectiva de colaborar para a autossustentação da comunidade com a fixação das lideranças educacionais nas aldeias, a oferta regular de merenda escolar, o envolvimento dos jovens em torno de projetos socioculturais, etc., além de colaborar com a preservação ambiental da mata atlântica, pela fixação da comunidade indígena na aldeia, estimulada pela regularidade de funcionamento da escola, acompanhado de projetos socioambientais promovidos pela escola.

b) Nutrição

Foi implantado um Programa de Segurança Alimentar, através de um trabalho de educação alimentar que retomasse os hábitos tradicionais guarani e incorporasse novos hábitos alimentares de baixo custo e com altos valores nutritivos. Tal educação deve se reverter em ações de produção e consumo de alimentos que possam ser produzidos e retirados das próprias condições de subsistência das comunidades, com o mínimo de dependência externa e o máximo de iniciativas autônomas.

---

[11] Projeto Pedagógico – Metodologia de construção curricular baseada em atividades diversificadas, não hierarquizadas em disciplinas e conteúdos programáticos, mas desenvolvidas interdisciplinarmente através de conceitos integradores. Também conhecida como "Pedagogia de Projetos".

Foi construída uma padaria comunitária e capacitados oito jovens (indicados pelos oito *joapygua*) em um Curso de Qualificação Profissional de Padeiro. Hoje a padaria funciona sob a gestão dos Guarani e produz alimentos enriquecidos (com farelo de trigo e com a multimistura da Pastoral da Criança) vendidos a preços acessíveis para toda a aldeia. Foi construído um mercadinho comunitário onde são vendidos produtos de qualidade reconhecida e nutricionalmente recomendados para a população. O mercadinho também é gerenciado pelos próprios Guarani. As duas iniciativas permitiram a geração de nove empregos em iniciativas autossustentáveis.

c) Joapygua Reko – Organização Social Guarani:

Este projeto teve como proposta um trabalho educativo de reflexão interna da comunidade que visa a integração das ações de educação e segurança alimentar na perspectiva do modelo sociocultural guarani, ancorado nos *joapygua*. Para isso, a coordenação dessa área ficou a cargo de Algemiro Karai Mirim, educador e liderança tradicional guarani, que participou ativamente de todas as oficinas de Educação e Nutrição e realizou oficinas de Joapygua Reko nos espaços familiares. As ações eram discutidas e decididas entre os *joegua'i* de cada *joapygua*. Algemiro integra a equipe de coordenação do projeto participando de todas as etapas de seu planejamento e execução.

d) Geração de Renda

Consistiu, além da capacitação de jovens padeiros, em um Curso de Capacitação para Recepcionista de Turismo Ecocultural, na construção de um espaço para visitação em Turismo Ecocultural, com uma casa tradicional guarani e uma mini Opy,[12] um curso de Administração para lideranças

---

[12] Opy – Casa de reza.

ligadas à ACIBRA, um curso de Informática para jovens e a construção de uma sala para o funcionamento de uma Escola de Informática Comunitária (EIC),[13] assim como a construção de um escritório para sede da ACIBRA.

A previsão é que os jovens e adultos capacitados em Turismo Ecocultural gerenciem atividades de geração de renda envolvendo passeios culturais à aldeia, apresentações dos grupos infantis de dança e venda de artesanato.

O projeto representa possibilidades de enfrentamento de um problema comum às sociedades indígenas que é sua fixação e manutenção das comunidades nas aldeias. Sem condições dignas de sobrevivência, os povos indígenas ficam à mercê de trabalhos fora das aldeias, o que contribui para a perda de seus valores étnicos e culturais tradicionais.

O seu potencial como projeto de EJA com comunidades indígenas se realiza quando propõe ações estruturantes e estruturadas dentro da lógica da organização social indígena guarani. A adequação às características diferenciadas de cada Aldeia e cada etnia e a inserção dos projetos dentro das organizações sociais indígenas próprias são fatores paradigmáticos de qualidade e modelo de replicação.

Caminhos alternativos

Finalmente, à guiza de reflexão, a questão fundamental que a experiência nos coloca é – não estariam a escola, os projetos agrícolas, de autossustentação, os programas de saúde, assim como a Associação Indígena – espaços privilegiados de EJA - pensados muitas vezes, numa estrutura que não encontra eco na organização social tradicional guarani? Não poderíamos pensar uma EJA também no modelo dos *joapygua*? Os projetos não deveriam ser estruturados e gerenciados nessa perspectiva?

---

[13] Em parceria com o Comitê Para Democratização da Informática (CDI).

Teríamos, em vez de uma escola só para toda a aldeia, voltada apenas para o ensino formal regular infantil, *classes/grupos* de jovens e adultos organizados e geridos pelos *joapygua*, mantendo atividades diversificadas em cada espaço de *joapygua* ou atividades conjuntas no prédio comum da escola. Ou teríamos os professores desenvolvendo suas atividades educativas no interior dos espaços dos *joapygua* e a partir de suas necessidades básicas de aprendizagem. Os agentes de saúde manteriam as discussões de prevenção, tratamento e monitoramento em saúde também nos espaços familiares de cada *joapygua* e não apenas no Posto de Saúde. Os trabalhos de mutirões para roça, preparo ou plantio seriam planejados e realizados com a participação de representantes de cada *joapygua*. Os trabalhos de artesanato (e sua capacitação) também seriam articulados em torno de grupos organizados, como cooperativas de famílias (*joapygua*), assim como os trabalhos de turismo eco-cultural seriam estruturados pelos jovens representantes de seus joapygua.

A escola indígena, afinal, não poderia ser um espaço (não físico) de formação dos agentes de saúde, dos guias de turismo, dos professores, das lideranças indígenas da Associação, dos artesãos, em diferentes cursos, modalidades, projetos de formação continuada, em pesquisas? Numa perspectiva de garantir a autonomia dos seus projetos de futuro, a escola indígena não deveria acompanhar as demandas educativas necessárias à formação de jovens e adultos para a sua autossustentação em programas de desenvolvimento sociossustentável?

Acreditamos que isso pode ser uma alternativa de organização dos trabalhos de EJA mais adequada à estrutura social guarani. Não podemos assistir mais à falência de projetos nas comunidades que não levem em conta a estrutura social indígena tradicional. O abandono dos projetos foi a estratégia de *guaranização* adotada, mas é preciso agora *guaranizar* efetivamente os projetos desde sua concepção. E o papel da EJA é fundamental nesse processo, pois os processos educativos em que jovens e adultos estão imersos, permitem avançar com o nível de reflexão crítica que a comunidade tenha sobre seus projetos de futuro. A prática pedagógica desenvolvida por professores, agentes comunitários indígenas de saúde, jovens lideranças membros da diretoria da associação indígena, padeiros, guias de turismo ecocultural, numa perspectiva de EJA ao longo da vida, permite – desde que respeitados seus interesses, suas formas próprias de organização, sua língua e seus espaços discursivos, suas estratégias de aprendizagem, além de sua imprescindível participação no planejamento, execução e monitoramento dos projetos – uma possibilidade de construção da tão almejada autonomia dos povos indígenas. Uma *guaranização* por dentro, desde o planejamento dos projetos para a Aldeia. Não projetos *para* os índios, mas projetos *dos* índios, numa EJA indígena.

Entretanto, é necessário discutir primeiro que projetos de sociedade querem os indígenas e a partir desse projeto de futuro inserir os princípios de uma EJA que vá ao seu encontro.

Conforme assinalou Baniwa (2007, p. 9),

> A proposta – ao lado de outras bandeiras de luta, como a defesa da terra, o desenvolvimento sustentável e a saúde dos indígenas – alimentou o repertório da agenda política do movimento indígena contemporâneo e é razão suficiente para maior investimento na reivindicação da escola.

O que os indígenas estão propondo é uma EJA intercultural, mas dentro da perspectiva de um *interculturalismo crítico* e não de um *interculturalismo funcional* de caráter neoliberal, como questiona Tubino (2004).

Para ele, no interculturalismo funcional substitui-se o discurso sobre a pobreza pelo discurso sobre a cultura ignorando a importância que tem – para compreender as relações interculturais – a injustiça distributiva, as desigualdades econômicas, as relações de poder e os desníveis culturais internos (p. 5).

No interculturalismo crítico busca-se uma teoria crítica do reconhecimento de uma política cultural da diferença aliada a uma política social de igualdade, enquanto o interculturalismo neoliberal busca promover o diálogo sem tocar nas causas da assimetria cultural, ocultando assim os reais problemas de subordinação e neocolonialismo existentes, o interculturalismo crítico busca suprimi-las, não escondendo os conflitos e buscando a transformação da sociedade em novas bases (TUBINO, 2004, p. 6).

Assim, há questões político-pedagógicas ainda por responder: Como introduzir a oralidade ancestral nas estruturas epistemológicas da EJA? Como combinar ou como estabelecer complementariedade entre meios e produtos escritos com outros próprios ou próximos à tradição oral e à língua falada? (PRADA; LOPEZ, 2005). Como ampliar a participação das mulheres indígenas nas ações de EJA? Como associar educação formal diferenciada indígena com formação continuada e/ou capacitação profissional em serviço?

Sabemos que a EJA por si só não basta, se não vier acompanhada de políticas linguísticas, culturais e indigenistas claras que estimulem a autonomia e, sobretudo da vontade dos Estados de fazê-las cumprir.

A EJA, com certeza, não resolverá os problemas indígenas, mas com ela, os indígenas saberão melhor como resolver seus problemas.

Referências

BANIWA, G. Ensino médio e sustentabilidade em terras indígenas. *Salto para o futuro*. Boletim n. 5, maio de 2007, TV escola. Brasília, seed – MEC, 2007.

DI PIERRO, M. C. *Transição de paradigma na Educação de Jovens e Adultos: do ensino supletivo para a educação continuada ao longo da vida.* São Paulo: Ação Educativa, 2005.

DI PIERRO, M. C. *Breve análise dos traços gerais da conjuntura educacional.*. São Paulo: Ação Educativa. São Paulo, Mimeo, 1997.

LADEIRA, M. I. *Relatório antropológico da área indígena guarani do Sertão do Bracuí.* São Paulo: CTI, 2003.

NOBRE, D. *Escola indígena guarani no Rio de Janeiro na perspectiva da autonomia: sistematização de uma experiência de formação continuada.* Tese de Doutorado em Educação. Niterói, Universidade Federal Fluminense. 2005.

PISSOLATO, E. Mobilidade, multilocalidade, organização social e cosmologia: a experiência dos grupos Mbya-Guarani no sudeste brasileiro. *Revista Tellus,* Parte 1, Ano 4, n. 6, Campo Grande (MS), 2004.

PRADA, F.; LOPEZ, E. Educación superior y descentralización epistemológica. In: I CONFERÊNCIA INTERNACIONAL SOBRE ENSINO SUPERIOR INDÍGENA. Construindo Novos Paradigmas na Educação. *Anais...* Barra dos Bugres, UNEMAT, 2005.

PROJETO SEGURANÇA ALIMENTAR INDÍGENA GUARANI. *Caderno de joapygua reko. Organização social indígena guarani.* Eunice Pereira da Silva (Coord.) Angra dos Reis, Petrobras – Fome Zero e Copiadora Lemos

SILVA, A. L. A Educação de adultos e os povos indígenas do Brasil. In: *Experiências e desafios na formação de professores indígenas no Brasil.* Em Aberto, v. 20, n. 76, Brasília, INEP, 2003.

SILVA, J. A. F. *Economia de subsistência e projetos de desenvolvimento econômico em áreas indígenas.* In: SILVA, A. L.; GRUPIONI, L. D. B.. (Org.) *A temática indígena na escola. Novos subsídios para professores de 1º e 2º graus* Brasília, MEC/MERI/UNESCO, 1995.

SILVA, H. P.; RIBEIRO, J. R. (Coord.). *Diagnóstico de gestão ambiental – Aldeia Sapukai.* EMATER-RIO. FNMA. e PMAR - Prefeitura Municipal de Angra dos Reis. Angra dos Reis, Mimeo, 2002.

TUBINO, F. *Del interculturalismo funcional al interculturalismo crítico.* Disponível em: <http:www.pucp.edu.pe/invest/ridei/pdfs/inter_funcional.pdf>. 2004.

WERNECK, N. *Como os voluntários podem fazer parte do Programa Fome Zero.* Faça Parte – Instituto Brasil Voluntário e Programa Fome Zero. s.d.

Currículo e formação de professores: construção coletiva dialogada

Kelma Araujo Soeiro

> É pensando criticamente a prática de hoje ou de ontem que se pode que se pode melhorar a próxima prática. O próprio discurso teórico, necessário à reflexão crítica, tem de ser de tal modo concreto que quase se confunda com a prática.
>
> PAULO FREIRE

Em nossa vivência diária nos deparamos com a riqueza cultural viva e pulsante que permeia nossas salas de aula, traduzidas pela diversidade expressa nos modos de falar, de expressar, na culinária, nos ritmos musicais, nas danças e nos costumes peculiares a cada região, no acúmulo de experiências e saberes que cada sujeito adquire ao longo de sua trajetória e sua história pessoal de vida.

O reconhecimento da existência dessa riqueza e dos saberes que cada aluno traz consigo, tecida na relação com o outro e na sua relação com o mundo é o desafio da EJA, na construção de uma escola na qual educandos e os educadores possam interagir, dialogar e produzir conhecimento alicerçados por saberes diversos levando em conta a realidade social e cultural desses sujeitos e propiciando espaços para problematização e reflexão dos conhecimentos construídos.

É essa escola que o Projeto SESC LER ao longo da sua trajetória vem construindo, e a concepção de educação exige dos educadores atuantes uma visão mais ampla e completa, pois suas ações possibilitam a convivência e a interação com o meio social e cultural dos educandos. Essa concepção parte do pressuposto de que os educadores atuem também como agentes culturais no sentido amplo, ou seja, além dos aspectos pedagógicos, é importante que vivenciem atividades culturais diversificadas que possibilitem a sua ampliação de visão de mundo e sua percepção das possibilidades socioculturais que podem apresentar aos sujeitos da EJA e como estes saberes podem se entrelaçar no currículo de forma interdisciplinar, no qual os alunos se percebam, favorecendo o diálogo e o estabelecimento de uma relação dinâmica entre o aluno e o conteúdo ministrado, possibilitando alteração de sua própria realidade na atuação sobre o mundo.

Portanto, é essa concepção adotada no Projeto que tentaremos relatar neste artigo, pontuando na prática o seu desenvolvimento na construção do currículo e planejamento dialogado com os educandos; a formação inicial da equipe pedagógica quando ingressa no projeto; bem como o papel do coordenador estadual e orientador pedagógico na formação dos professores.

O foco específico na vivência da construção coletiva do conhecimento.

No processo educacional, o currículo, muitas vezes é visto como algo definido pela gestão da escola e operacionalizado pelos professores, atentando-se para a divisão dos conteúdos por bimestre, sem a preocupação com a construção significativa da aprendizagem. O importante é repassar o conteúdo no prazo estabelecido. Pensar, portanto, num trabalho escolar do qual o aluno é o grande ator do processo, ainda é considerado uma utopia por muitos.

A realidade educacional que vivencio hoje como Coordenadora Estadual[1], é totalmente contrária à linha educacional que vivenciei durante minha formação escolar e no início da minha vida profissional na área educacional.

O trabalho de acompanhamento das atividades desenvolvidas nas turmas da EJA, que realizo no SESC LER, é uma realidade palpável, que advém de um currículo dinâmico, envolvente, abrangente, construído e reconstruído passo a passo no processo ensino-aprendizagem. Esse currículo vem se constituindo um instrumento de suma importância para a construção do conhecimento e confronto de saberes dos educadores e sujeitos da EJA, permitindo intensa troca de conhecimentos e experiências entre todos os sujeitos envolvidos nos diferentes momentos e fases desse processo.

Ao construir o planejamento, trabalhando com múltiplos cotidianos e realidades diferenciadas, as unidades de estudo ou projetos didáticos revelam os pontos de estrangulamento dos diferentes sujeitos do processo, nos temas que são propostos pelos alunos ou pelos professores. O trabalho inicia com os alunos, a partir da discussão e definição dos temas; depois, são pontuadas, além das questões consideradas de maior relevância sobre o tema escolhido, todas as informações que cada um possui sobre o tema, permitindo a visualização dos diferentes elementos na composição de suas identidades: seus saberes, experiências de vida (familiar, profissional e escolar), suas visões de mundo. A partir daí são construídos os objetivos da aprendizagem; definidos os conteúdos a ser trabalhados de acordo com sua relevância para os educandos; as propostas de atividades e estratégias que serão desenvolvidas e que

---

[1] Coordenador Estadual: sua atribuição é acompanhar dentro do estado, as atividades pedagógicas e administrativas desenvolvidas em cada Centro Educacional. Além disso realiza, quando necessárias, mediações e intervenções referentes aos encaminhamentos para o desenvolvimento do trabalho, ou seja, seja papel é de fomentar e estimular o projeto pedagógico do centro educacional.

possibilitem o trabalho interdisciplinar e, ainda, elaborados os critérios de avaliação que possibilite o acompanhamento diário do desenvolvimento da aprendizagem dos educandos, com mapeamento de suas dificuldades que permitam a reflexão e a busca de caminhos para sanar as dificuldades encontradas. Outro ponto importante para a construção e (re)construção dos conhecimentos é a reformulação dos planos, ou seja, o replanejamento, quando se faz necessário. Os professores são conscientizados sobre a necessidade de acompanhar sempre o cenário, relacionando com o trabalho os acontecimentos externos ou a própria dinâmica do grupo, que podem fazer emergir conteúdos não previstos. Nessas situações, o professor pode e deve aproveitar as oportunidades surgidas, usando a criatividade e enriquecendo seu fazer pedagógico, sem perder o foco do trabalho e sem perder de vista o seu objetivo.

A utilização dessa metodologia nos tem proporcionado a construção de um currículo vivo, engajado, que dialoga com os sujeitos educandos do EJA, e cuja proposta de trabalho consegue organizar as atividades de modo significativo, evitando que a prática de sala de aula se reduza a um somatório de atividades desarticuladas, isoladas e repetitivas. Segundo Popkewitz (1994), "Aquilo que está inscrito no currículo, não é apenas informação – a organização do conhecimento corporifica formas particulares de agir, sentir, falar e 'ver' o mundo e o 'eu'".

Nesse contexto, educandos e educadores aprendem a aprender e constroem coletivamente um currículo: vivo, contextualizado, que ultrapassa os limites da escola, haja vista que o processo ensino-aprendizagem se dá nas relações interdisciplinares, através da análise do contexto político, social, econômico e cultural no qual estão inseridos, tornando o conhecimento um bem renovável, só possível se todos os atores do processo estiverem comprometidos e envolvidos com todas as etapas de sua construção.

Tendo como referência a visão de Popkewitz e fazendo uma analogia com a vivência diária no SESC LER, é perceptível que o nosso caminhar vai ao encontro de um novo paradigma educacional, cujo desafio é criar e dar liberdade ao surgimento de uma ação docente, em que professores e alunos podem participar e atuar ativamente no processo de aprendizagem, que se revela dinâmico, criativo, encorajador e que tem como fundamento primordial o diálogo e as descobertas individuais e coletivas. O propósito é, portanto, formar alunos críticos, autônomos, protagonistas e instrumentalizados para múltiplas leituras que permitam a reflexão sobre suas próprias experiências e desenvolvam a consciência crítica referente às suas relações com o meio ambiente físico, cultural, social e político e possa intervir em sua realidade, o que vai exigir dos educadores esforço conjunto no desenvolvimento de competências, em que a interdisciplinaridade e a contextualização permeiem o fazer pedagógico.

Alguns aspectos conceituais na Formação da Equipe Pedagógica do SESC LER.

A formação dos professores contratados para o desempenho de suas atividades no SESC LER na maior parte das vezes foi realizada em cursos de formação de professores, em que a dicotomia teoria x prática não permitia aos educadores a reflexão, a confrontação e a reformulação de suas práticas pedagógicas. Essa assertiva é facilmente comprovada quando da realização dos processos seletivos para professores e/ou orientadores pedagógicos. Na ocasião da realização das atividades integrantes do processo seletivo, o discurso teórico em relação ao fazer pedagógico é totalmente diferenciado do trabalho prático, demonstrando o real distanciamento entre teoria e prática.

Bozzetto (1998, p. 19) afirma:

> [...] é preciso ser capaz de inserir os conhecimentos no seu contexto, no seu global. Estamos numa época em que o

global é cada vez mais importante, em que os problemas são cada vez mais globais, pois vivemos num contexto planetário. Todo nosso sistema de educação nos ensinou a dividir, a analisar, e jamais nos ensinou a ligar.

Ao trabalhar a formação dos professores do SESC LER, partimos da análise da visão de Popkewitz e Bozzetto e tentamos relacioná-la com a reflexão sobre o seu próprio "fazer pedagógico" dos professores. As discussões das observações do trabalho desenvolvido em sala de aula, das observações coletadas na leitura dos seus relatórios de atividades, dos instrumentos de avaliação e da análise dos estudos realizados mensalmente são fundamentais para sua formação e contribuem para o embasamento para enfrentar o desafio de construir e desenvolver uma proposta de ensino diferente do modelo que conheceram e até então vivenciaram como alunos e docentes. Um modelo que não oportunizava a reflexão e discussão em torno das questões sociais, políticas, econômicas e culturais que envolvem o cotidiano e a sociedade na qual o aluno está inserido.

Uma proposta educacional não parte do zero, mas surge da análise reflexiva de propostas anteriores. Os professores do SESC LER, junto com os novos profissionais que vão integrar a equipe pedagógica, participam do plano de formação inicial, que é realizado através da leitura reflexiva e da discussão da proposta pedagógica do projeto, da leitura de registro e relatórios do trabalho, da assistência de aulas e participação em reuniões pedagógicas e outros eventos de formação, além de contatos com outras atividades desenvolvidas nos centros educacionais do SESC LER, como atividades esportivas, culturais, atendimento à saúde, lazer.

Tanto na formação inicial, quanto na formação continuada é primordial o trabalho do coordenador estadual na supervisão e no acompanhamento de todas as atividades, auxiliando os professores e orientadores no que concerne à visualização e à análise do trabalho pedagógico, bem como à reorientação no desenrolar desse trabalho.

De acordo com a proposta pedagógica, a ideia de supervisão pedagógica é de auxílio direto ao professor, principalmente pelo orientador pedagógico cujo papel é similar ao do coordenador, porém trabalha diariamente junto aos professores auxiliando-os – a refletir, interpretar e julgar a adequação de suas intervenções, na buscar de um fazer pedagógico significativo e no desenvolvimento, na prática, da construção e realização de um currículo vivo, que venha ao encontro das necessidades dos sujeitos educandos da EJA.

Para atender as necessidades dos professores e principalmente dos orientadores pedagógicos, desenvolvo a formação continuada, dando suporte ao seu trabalho com os professores com os quais realiza acompanhamento diário. Mensalmente faço visita de acompanhamento dos trabalhos pedagógicos das equipes, que estão localizadas em municípios distintos e distantes do município sede, meu local de origem e ponto de referência para as equipes.

Durante essas visitas realizo observação do desenvolvimento das atividades de sala de aula, acompanhamento das discussões e construções do planejamento, bem como encontros de estudo com toda a equipe ou apenas com o orientador. Os temas de estudo são indicados direta ou indiretamente (observação da aula e da leitura dos relatórios) pelos professores, visando atender suas necessidades e dando subsídios a suas intervenções e para aprimoramento do seu fazer pedagógico. Um momento ímpar nas minhas visitas tem sido a visita às salas de aula, visando observar a execução do planejamento e a interação dos alunos com o trabalho que está sendo desenvolvido, bem como coletar informações para o trabalho de intervenção com o orientador pedagógico em relação ao desenvolvimento do seu trabalho com os professores, verificar e listar as leituras que podem ser indicadas para subsidiar os trabalhos pedagógicos. Outro momento importante são as discussões com a equipe pedagógica referente às leituras dos relatórios, as quais realizo semanalmente com algumas equipes e mensalmente com outras. Como não é diário o contato com a equipe pedagógica, ele depende da análise das informações coletadas durante as visitas aos centros educacionais e da leitura dos relatórios, para poder refletir e traçar caminhos que possam contribuir para o aprimoramento do fazer, tanto dos professores como dos orientadores pedagógicos.

No estudo inicial com os orientadores pedagógicos, a coordenação estadual procura subsidiar e proporcionar o desenvolvimento do trabalho do orientador, de forma que este consiga posteriormente auxiliar os professores no direcionamento dos trabalhos pedagógicos, esclarecendo suas dúvidas e inseguranças, procurando respostas. O orientador pedagógico também precisa ter a devida formação para poder formular questões que permeiam todos os trabalhos desenvolvidos no centro educacional, no intuito de orientar o percurso da equipe na realização da sua prática docente. Para tanto, realizamos as seguintes orientações iniciais, que são organizadas por etapas e discutidas detalhadamente:

Organização do orientador

- Organização de um caderno para acompanhamento pedagógico cuja finalidade deve ser o registro das observações dos relatórios e da sala da aula, estudos com os professores, síntese das visitas domiciliares, análise semanal das frequências, reunião administrativa e suas observações em relação aos avanços e dificuldades dos professores e do próprio orientador;
- Montagem de um plano de trabalho de acompanhamento da equipe docente e planejamento de suas atividades;
- Exploração da sala de leitura para conhecer o acervo bibliográfico que orientará os professores nos estudos e construção dos planejamentos simples e complexos;
- Leitura, análise e discussão semanalmente dos relatórios de cada professor, realizando a devolutiva individual ou

coletiva, junto com os encaminhamentos de estudo nos encontros de planejamento;
- Estudo das propostas pedagógicas da EJA no SESC e do Projeto SESC LER e das Diretrizes de Orientação Pedagógico, documentos norteadores do trabalho do Projeto;
- Leitura e discussão com a coordenação estadual sobre as diretrizes básicas, instrumentos de trabalho do educador, áreas de estudo e objetivos de aprendizagens, constantes da Proposta Pedagógica.

Estudo e análise dos instrumentos utilizados na avaliação dos alunos

- **Pauta de acompanhamento das aprendizagens**: Ficha utilizada mensalmente pelos professores para avaliar se os objetivos de aprendizagem estão sendo alcançados pelo aluno. Com base na ficha o professor tem condições de replanejar seu trabalho com os alunos.
- **Portfólio:** Alunos e professores selecionam as atividades que farão parte deste álbum, cuja finalidade é realizar o acompanhamento das etapas de aprendizagens dos alunos no decorrer do ano letivo. É utilizado também pelo professor para avaliar o seu trabalho em relação aos alunos.
- **Caderno de registro das observações**: Contém informações pertinentes ao processo ensino-aprendizagem dos alunos. Nele são registrados os avanços e as dificuldades encontradas pelos alunos, bem como as estratégias usadas para saná-las. Nos encontros de planejamentos, essas informações são socializadas e discutidas com os outros professores, para que possam refletir e construir um planejamento significativo, que atenda aos alunos nas suas necessidades de aprendizagem e formação na sua totalidade.

Orientação para o planejamento

Pensar o planejamento refletindo sobre todas as questões que permeiam a sua elaboração, bem como a construção de aprendizagens significativas e o desenvolvimento de ações pedagógicas prazerosas para os alunos, contribuindo na construção de um espaço interativo, em que os alunos possam verdadeiramente ser construtores do seu conhecimento.

Partindo desse contexto e com base nas diretrizes para a orientação pedagógica do projeto SESC LER, no momento do planejamento, devemos considerar e refletir sobre as seguintes questões, conforme as Diretrizes de Orientação Pedagógica (SESC, 2003): Aonde queremos chegar? Que mudanças pretendemos provocar nos alunos? Quem são os alunos? Quais seus interesses, suas expectativas e suas necessidades? Quem são os professores? Que habilidades são necessárias para conseguir esses objetivos? Que conteúdo será trabalhado? O que é prioritário e o que é secundário para ser aprendido? Quais atividades são mais atrativas e envolventes para os alunos? Como serão agrupados os alunos? Como favorecer sua interação? Como serão tomadas as decisões? Quanto tempo será necessário para desenvolver os projetos de trabalhos contidos no planejamento? Que espaços serão necessários? Que materiais estão disponíveis? De que materiais adicionais precisará? Como será possível avaliar as aprendizagens dos alunos? Que instrumentos utilizarei? O que será avaliado? Que critérios avaliativos levarei em consideração? Como os alunos participarão da avaliação? Em que momento será adequado avaliar o trabalho e ajustar o plano?

Trabalho com os relatórios dos professores

Diariamente os professores realizam o registro do trabalho desenvolvido com os alunos e o orientador, relata sobre o seu trabalho de acompanhamento e intervenções junto à equipe pedagógica. Esses relatos devem ser utilizados como instrumento de reflexão da prática pedagógica dos professores e orientador. Algumas orientações são dadas sobre o que relatar:

Professor (a)	Orientador(a) Pedagógico (a)
Objetivo da aula	Atividades desenvolvidas no mês;
Qual era a atividade e como foi desenvolvida;	Análise das observações de sala de aula
Dificuldades apresentadas pelos alunos	Observações das leituras dos relatórios
Intervenção do professor diante das dificuldades apresentadas pelos alunos	Intervenções do orientador junto aos professores após as observações de sala de aula e dos relatórios
Critérios avaliativos detalhados de cada aula;	Explicitar como está realizando o acompanhamento do planejamento dos professores (elaboração e execução)
Análise do trabalho, pontuando as questões que precisam ser revistas e melhorada	Análise do seu trabalho, pontuando as questões que precisam ser revistas e melhoradas.
Bibliografia utilizada na construção do planejamento	Explicitar o estudo realizado com a equipe;
Total de alunos em cada aula.	Pontuar as questões discutidas na reunião com o encarregado administrativo

Realização do Acompanhamento do planejamento semanal dos professores

- Análise e discussão sobre a frequência semanal, comparando com a semana anterior, os motivos das faltas e cancelamentos e as estratégias para melhorá-las;
- Discussões sobre as observações dos relatórios (os relatos da semana);
- Levantamento do material que será usado como fonte de pesquisa para a construção do planejamento; incluir a proposta do projeto, proposta curricular do MEC e a coleção *Viver, Aprender* (para os três ciclos);
- Construção do planejamento por etapa, proporcionando a troca entre os professores de forma que um analise o planejamento do outro, sugerindo alterações ou outras propostas;

- Elaboração da atividade discutindo a clareza dos comandos e a adequação da mesma a proposta e ao público alvo.

Organização do cronograma de atividades com os professores

- **Planejamento**: Uma vez por semana, três horas de atividade;
- **Visita domiciliar aos alunos**: Quinzenal ou semanal conforme a análise da frequência.
- **Estudo**: Uma vez por mês com carga horária de quatro horas. Os assuntos são definidos pelo orientador após análise das observações das aulas e dos relatórios ou podem ser indicados pelos professores.
- **Análise da visita domiciliar:** Enviada mensalmente à Coordenação Estadual registrando as seguintes informações: número de visitas realizadas por turma; situação detectada (motivos das faltas); intervenções realizadas pelos professores no ato da visita; previsão de retorno dos alunos; total de alunos, por turma, que retornaram após as visitas.
- **Visitas às salas de aula para observar e trabalhar com os professores:** a organização do espaço relacionando com o objetivo da aula; o desenvolvimento da aula de acordo com o planejamento; a adequação da atividade a nossa proposta, se propicia construção do conhecimento; se a metodologia envolve a turma na atividade; a reação dos alunos ao trabalho em desenvolvimento; as intervenções do professor ao observar as dificuldades dos alunos.

Considerações finais

Trabalhar uma proposta inovadora, na qual as questões e os conteúdos são sinalizados pelos alunos e contextualizados, voltados para a compreensão e construção de alternativas para os problemas que afligem a sociedade, com certeza assusta muitos educadores. O problema está no medo, que muitas vezes não permite ao educador refletir sobre seu fazer pedagógico nem tomar de decisões, tais como buscar estratégias para a sua formação continuada, que não é construída por acumulação de cursos, conhecimentos e ou técnicas, mas por meio de um trabalho de reflexão crítica sobre as práticas de construção e reconstrução permanente de sua prática docente.

Para Santos (1998), em síntese, poderíamos dizer que a formação do docente pressupõe a reelaboração ou a recriação dos saberes dados pelos cursos, feita com base nas experiências vivenciadas tanto como aluno, antes e durante o curso de formação inicial, quanto posteriormente adquiridas no desempenho da atividade profissional.

Partindo desse pressuposto, repensar a organização curricular de forma heterogênea, com múltiplas conexões, na qual os saberes se entrelaçam, formando uma rede, causa desconforto em alguns educadores, provoca o desequilíbrio, ao mexer com a organização hierárquica de saberes e de disciplinas. Vivenciei esse desconforto com um professor do qual faço acompanhamento há dois anos. No início do nosso trabalho de formação, enfrentamos algumas dificuldades, pois ele não conseguia praticar currículo da forma como concebemos e desenvolvemos. Sua vivência e seu trabalho estavam focados em um currículo engessado, montado com a sequência de conteúdos desarticulados, distanciados do cotidiano do aluno. Gradativamente, fomos realizando intervenções, estudos e discutindo propostas de trabalho que realmente abarcassem o cotidiano dos educandos e que eles conseguissem perceber a utilidade do aprendizado para a sua vida. Atualmente, durante os encontros de planejamentos e estudos, o professor sempre faz o comparativo do seu fazer pedagógico anterior e o atual, demonstrando satisfação em visualizar o seu desenvolvimento e os conhecimentos que foi construindo e reconstruindo durante este percurso. Também costuma comparar o seu aprendizado com o dos educandos, no decorrer das atividades, o que tem sido um incentivo para que os alunos não desistam diante dos obstáculos.

A autonomia na construção de uma proposta educacional baseada na realidade do educando, em que não há lista de conteúdos programáticos, não há livros obrigatórios a ser adotados, mas a potencialização e o consenso de estudos inseridos em propostas que realmente discutam o meio social vivenciado pelos educandos da EJA, contribui para o desequilíbrio do porto seguro dos professores que estão presos a listagem de conteúdos. De acordo com Alarcão (1998), a nova sociedade exige cidadãos responsáveis, capazes de iniciativas, dispostos a correr risco, cidadãos inovadores na sua capacidade de adaptação a novas formas de vida, resistentes a desânimos ou frustrações em face das dificuldades, interventores e lutadores de ideias, realizadores de projetos, avaliadores de sucessos e fracassos.

Para tanto, é importante que os professores compreendam que dificilmente uma área de conhecimento/disciplina, dará conta sozinha de atender esses pressupostos, cuja demanda parte da integração dos saberes baseados na problematização de contextos, das questões a ser investigadas, dos eixos de competências a ser desenvolvidos.

As mudanças ocorridas no cenário socioeconômico, contribuíram para o surgimento de novas demandas sociais, levando a escola a assumir novos papéis e reformular sua proposta de educação, na qual o desenvolvimento apenas cognitivo dos alunos não atenderá a essas demandas. É importante refletirmos e colocarmos em prática conteúdos significativos para os educandos proporcionando desenvolvimento de competências, uma vez que o conhecimento é produzido diariamente nas suas relações e interações com o meio no qual estão inseridos, ou seja, a construção social determinada historicamente por um contexto espaçotemporal, portanto, inacabado. Essa visão é respaldada na assertiva de Berticelli (2001, p. 168), "quando se fala em relação de conteúdos, não se fala de coisa neutra: na escolha de conteúdos curriculares se determinam variáveis sociais significativas e dinâmicas põem-se em jogo interesses, exercita-se poder, determinam-se rumos políticos".

Nesse sentido, o educador precisa estar continuamente envolvido com a produção desse conhecimento, buscando atender as novas demandas sociais. Segundo Perrenoud (2000), compreende-se a singularidade de cada processo, interessando-se pela história de formação das pessoas, pelos processos de desenvolvimento e de aprendizagem por meio dos quais se constroem e se transformam saberes, representações, atitudes, valores, hábitos, imagem própria e identidade, em suma, tudo aquilo que faz único cada ser, por exemplo, como fazem os professores do SESC LER.

Nesse contexto, é importante que o professor reflita sobre sua prática docente, reformulando seu fazer pedagógico tendo como base a troca de experiências e a partilha de saberes com outros pares e com os educandos. O exercício da reflexão ganha em qualidade quando podemos confrontar nossas próprias percepções e explicações com as dos outros.

O currículo ganha outra dimensão, deixa de se resumir a uma listagem de disciplinas com seus conteúdos preestabelecidos, incompatível com o dinamismo da sociedade, e passa a ser um instrumento vivo, dinâmico permeado por conhecimentos diversos interligados, que dialogam entre si e com o mundo vivenciado pelos sujeitos educandos da EJA. É fundamentado na comunicação, nos valores, nos interesses cognitivos gerais e específicos, bem como na construção de objetivos de aprendizagens, na seleção de instrumentos e recursos adequados ao desenvolvimento do processo ensino-aprendizagem, e pelo que constroem na ação coletiva educando e educadores se sintam (co)responsáveis.

Como afirma Arroyo (2006), a EJA tem de fazer um currículo sério de conhecimento e tem de capacitar seus educadores no domínio desses conhecimentos vivos, que são os conhecimentos do trabalho, da história, da segregação, a exclusão, da experiência, da cultura e da natureza. Todos eles são os conhecimentos coletivos de direitos que a EJA tem de aprender a ressignificar e a organizar à luz do conhecimento histórico.

É com esse pensar e propósito que buscamos trabalhar a formação continuada dos professores com os quais realizo o trabalho de acompanhamento e estudo, buscando contribuir através das orientações com sua formação e estimulando-os a desenvolverem estratégias para sua autoformação, após coleta de informações realizadas através das observações da sua prática docente *in loco*, bem como, através da leitura e análise dos seus registros, da conversa informal com os alunos, nos encontros de estudos mensais e nas reuniões semanais de planejamento.

Acreditamos que ainda temos um longo caminho a trilhar, porém já conseguimos visualizar o resultado do trabalho, no decorrer das discussões e construções coletivas do currículo e do planejamento diário dos trabalhos desenvolvidos com os alunos e as equipes pedagógicas.

Referências

ALARCÃO, I. Formação continuada como instrumento de profissionalização docente. In: VEIGA, I. P. (Org.). *Caminhos da profissionalização do magistério*. Campinas: Papirus, 1998.

ARROYO, M. Formar educadoras e educadores de jovens e adultos. In: SOARES, L. (Org.). *Formação de Educadores de Jovens e Adultos*. Belo Horizonte: Autêntica/SECAD – MEC / UNESCO, 2006.

BERTICELLI, I. Currículo: tendências e filosofias. In: COSTA, M. V. (Org.). *O currículo nos limiares do contemporâneo*. 3. ed. Rio de Janeiro: DP&A, 2001.

BOZZETTO, I. M. *A formação de professores para as séries iniciais de ensino fundamental*: uma visão unitária. Ijuí: Ed. UNIJUÍ, 1998. p. 122. (Coleção Trabalhos acadêmico–científicos).

PERRENOUD, P. *Pedagogia diferenciada: das intenções à ação*. Porto alegre: Artes Médicas Sul, 2000.

POPKEWITZ, T. S. *História do currículo, regulação social e poder*. In: SILVA, T. T. (Org.). *O sujeito da educação: estudos foucaultianos*. Petrópolis: Vozes, 1994.

SESC – Serviço Social do Comércio. Departamento Nacional. *Diretrizes para Orientação Pedagógica do Projeto SESC LER*, 2003.

SESC – Serviço Social do Comércio. Departamento Nacional. *Proposta Pedagógica do Projeto SESC LER*, 1999.

Processos de formação contínua em serviço de educadores de jovens e adultos: a experiência de Pernambuco

Marta Lima de Souza

> O Senhor... Mire e veja:
> O mais importante e bonito, do mundo, é isto: que as pessoas não estão sempre iguais. Ainda não foram terminadas. Mas que elas vão sempre mudando. Afinam ou desafinam. Verdade maior. É o que a vida me ensinou. Isso que me alegra, montão! (GUIMARÃES ROSA, 1988, p. 8)

Este artigo tem como objetivo relatar a experiência de formação contínua em serviço de educadores de jovens e adultos desenvolvida por uma instituição privada em cinco municípios[1] de Pernambuco, no período de 2002 a 2005, visando atender os professores que lecionavam da alfabetização ao ensino médio.

---

[1] Serviço Social do Comércio (SESC) em Recife, Garanhuns, Arco-Verde, Petrolina e Caruaru, quatro escolas na capital e quatro no interior do Estado.

O que pretendemos apresentar é resultado preliminar de nossas reflexões quanto à análise de propostas, expectativas, aprendizagens e dificuldades vivenciadas, quando reunimos cerca de 80 professores, distribuídos em diferentes níveis de ensino e nos cinco municípios, agregando heterogeneidade de escolaridade e de trajetórias profissionais, além da distância territorial que nos separava fisicamente.

Desde 2002, as escolas de Educação de Jovens e Adultos (EJA) desses municípios enfrentavam o desafio de fazer a transição da estrutura curricular centrada em um modelo de suplência para a de ciclos; de criar e garantir uma rotina de planejamento, estudo e reflexão, bem como de construir uma forma de avaliação qualitativa, que contribuísse para ratificar a EJA como um direito social e modalidade da educação básica,[2] com especificidades e características próprias.

Considerando que a maioria dos educadores era de professores licenciados em diversas áreas de conhecimento, outro desafio consistia em criar uma unidade de trabalho, sem perder a criatividade e a especificidade, tendo como base a formação contínua em serviço de uma equipe multidisciplinar, que integrasse os saberes especializados de cada um.

Uma questão fundamental enfrentada nesse processo referia-se à formação "inicial" dos educadores que, geralmente, foram preparados para lecionar com crianças ou que pautavam suas práticas educativas no referencial de "ensino regular".[3] A ausência nos currículos de EJA da experiência histórica,

---

[2] Segundo Soares, "[...] desde que a Educação de Jovens e Adultos passou a fazer parte constitutiva da lei de diretrizes e bases, tornou-se modalidade da educação básica [...]" (SOARES, 2002, p. 72).

[3] Compreendemos que a Educação de Jovens e Adultos, como modalidade da educação básica no exercício de sua função reparadora, é ensino regular, visto que regular deve ser a sua oferta pelo Estado. Portanto, as aspas são para diferenciar os ensinos voltados para a idade legalmente indicada, isto é, de 7 a 14 anos e/ou 14 a 17 anos, conforme a Lei de Diretrizes e Bases da Educação Nacional, nº 9394, de 26 de dezembro de 1996.

política, cultural e social desse público, desvinculada de seus saberes pessoais e escolares e de suas vivências, poderia contribuir para sua infantilização, gerando o desinteresse e a futura exclusão da escola.

Dessa forma, um dos desafios era a formação contínua em serviço de educadores, de modo a construir os instrumentos teóricos e metodológicos que possibilitassem um aprofundamento das especificidades da EJA. Compreendemos que, entre outras questões, a qualidade de trabalho do educador estava diretamente relacionada à sua inserção em uma proposta de formação profissional continuada.

É nessa perspectiva que se inseriu a relevância de ações formativas em serviço destinadas ao professor de EJA, visando afinar as propostas educativas aos contextos socioculturais de jovens e adultos, sob pena de estarmos contribuindo para ratificar as exclusões pelas quais já passaram os educandos.

O presente texto tem a seguinte organização: esta introdução delimitando os desafios do processo formativo de educadores de EJA em Pernambuco; o processo em si, em que se explicita a proposta de trabalho, os princípios, os objetivos e as estratégias; a busca de uma unidade por meio da construção de identidade de educadores da EJA; os limites e as possibilidades encontradas no processo principalmente em ações pontuais e as perspectivas de continuarmos aprendendo, visto que as pessoas não estão terminadas.

Processo de formação contínua em serviço de educadores de jovens e adultos: a travessia de Pernambuco

> Digo: o real não está na saída nem na chegada:
> ele se dispõe para a gente é no meio da travessia
> (GUIMARÃES ROSA, 1988, p. 52)

Contexto

Durante três anos, trocamos experiências com esses professores e coordenadores: saberes e não saberes, alegrias e tristezas, euforias e medos, "erros e acertos". O caminho metodológico escolhido, além dos já conhecidos, centrou-se na realização de oficinas, como possibilidade de exercer os princípios norteadores da Proposta Pedagógica de EJA:[4] diálogo, diversidade cultural, participação ativa, respeito aos saberes e formação continuada (SESC, 2000). Ou seja, que assumissem um papel ativo durante a ação: opinando, sugerindo, avaliando, criticando, replanejando, enfim, intervindo no processo de formação, desenvolvendo uma postura autônoma, aliada às diversidades culturais.

As propostas e os temas dos encontros foram selecionados, planejados e discutidos com os professores e coordenadores mediante suas necessidades, interesses e desejos. Foram realizados quatro encontros com os seguintes temas: Planejamento e Avaliação (2002), Pedagogia de Projetos (2003), Currículo (2004) e Procedimentos Metodológicos (2005). Cada tema foi desenvolvido por um especialista na área de educação com experiência na EJA, com carga horária de 40 horas e na semana de férias dos professores e coordenadores. Deslocava-se a equipe para o município de Garanhuns onde ficávamos hospedados e trabalhávamos.

Para a preparação dos encontros, solicitávamos anteriormente aos professores e coordenadores, materiais que pudessem refletir as práticas educativas desenvolvidas e as questões que orientassem a condução dos trabalhos.

Com base nesses aspectos elaborávamos um pré-planejamento após uma discussão ampla com as coordenações

---

[4] Elaborada pela equipe de Educação de Jovens e Adultos do SESC/Administração Nacional, em 2000, visando a subsidiar a prática pedagógica e política, bem como a construção de projetos político-pedagógicos em todas as escolas de EJA no SESC.

locais,⁵ visando aproximá-lo das necessidades das equipes. Ao longo dos encontros, íamos revendo o planejamento e ajustando-o aos momentos, às necessidades e às demandas do grupo. Paralelamente, discutíamos a Proposta Pedagógica de EJA de Pernambuco, enfatizando questões de avaliação, de estrutura curricular, de carga horária, de planejamento, entre outras, visto que o documento encontrava-se em análise no Conselho Estadual de Educação para a regularização⁶ dos cursos ofertados.

Na regulamentação dessas escolas junto aos órgãos competentes locais, eram estabelecidas parcerias e convênios⁷ com a Secretaria Estadual de Educação. Essas relações, contudo, eram marcadas por contradições entre as leis que regem a área (a Constituição Federal de 1988, a LDBEN n.º 9394/96, as Diretrizes Curriculares Nacionais para a EJA – Parecer n.º 11/2000) e as políticas, de cunho compensatório e assistencialista, que permaneciam nas Resoluções da EJA.

Isso possibilitava aos educadores refletir e discutir o quanto os discursos se afinavam às práticas e vice-versa, levando-os a se organizarem e a pensar estratégias que pudessem fazer essa aproximação, quando detectavam que era necessária. Aos poucos a equipe ia tomando consciência da escola que vivia, da escola que queria construir e da escola possível. A cada encontro, eram firmados coletivamente compromissos com a equipe para o próximo ano.

---

[5] São pedagogos, professores e profissionais de áreas afins responsáveis pelo acompanhamento do trabalho educacional junto aos professores, alunos e administrativos.

[6] Refere-se à autorização junto aos Conselhos Estaduais de Educação e às Secretarias Estaduais de Educação para funcionamento das escolas, visando à certificação dos educandos pelo SESC, conforme Diretrizes Curriculares Nacionais para a EJA – Parecer n.º 11/2000.

[7] As parcerias referem-se aos cursos oferecidos nos espaços do SESC, com reconhecimento dos órgãos responsáveis e certificação pela Secretaria Estadual de Educação. Os convênios relacionam-se aos cursos, também regulamentados, desenvolvidos nos espaços do SESC, empresas e/ou escolas da rede pública de ensino, podem ser certificados pelo SESC ou pela Secretaria Estadual de Educação.

A ideia era potencializar os espaços formativos, principalmente na escola, nos quais se pudesse fazer fazendo; ir se modificando durante o percurso; refletindo sobre essa trajetória coletivamente; considerando que a partir do desejo e da luta, de forma comprometida podemos refazer os caminhos quando necessário, descobrir alternativas e criar possibilidades, que precisam de tempo para aflorar. Ou seja, que o "real [...] se dispõe pra gente é no meio da travessia", como diria Guimarães Rosa.

Proposta

Assumimos os pressupostos da formação contínua em serviço:

> [...] contínua porque, ao mesmo tempo em que o professor se nutre de conhecimentos científicos e saberes culturais, cria outras representações sobre as relações educativas na escola. Em serviço [...] por privilegiar um processo de desenvolvimento profissional do sujeito, constituído por história de vida e de acesso aos bens culturais, de fazeres profissionais e de diferentes realidades de trabalho, carregadas ora por necessidades de superação de desafios, ora por dificuldades relevantes de atuação. (Fusari; Franco, 2005)

A formação contínua em serviço tornou-se o eixo fundamental da Proposta Pedagógica de EJA, visando garantir um processo formativo, que promovesse a tomada de consciência, por meio da mediação entre o trabalho educativo efetivamente possível e o socialmente desejável, na construção de uma escola democrática, idealizada no Projeto Político Pedagógico.

Considerando que todo ser humano tem o direito ontológico de continuar a aprender ao longo da vida, entendemos que a formação contínua constitui a função máxima da EJA. Assim, o educador pertence ao público da EJA, na perspectiva do direito de participar de uma formação contínua, que envolva trabalho individual e coletivo de reflexão e de estudo, no qual elabore e reelabore constantemente a prática pedagógica.

A proposta de formação visava:

- incentivar a criatividade e a autonomia do educador;
- aprofundar a relação prática/teoria/prática;
- instigar a vontade pessoal e coletiva como impulsionadoras de formação;
- intercambiar processos de formação e autoformação, por meio de circulação do que é vivenciado, produzido, analisado pelos atores do processo;
- adequar critérios, métodos, técnicas e estratégias, conforme indicações coletivas extraídas do processo;
- produzir e difundir materiais de apoio, facilitando a socialização de conhecimentos, experiências, entre outros.

Além de proporcionar aos professores reconhecer a si mesmos como produtores de conhecimento e de teorias, aproximando prática e teoria, buscávamos a reflexão sobre as práticas educativas, de modo que pudessem construir o caminho que desejassem trilhar, em um processo emancipatório[8] de autonomia sobre o fazer. Nessa perspectiva, uma dificuldade encontrada consistia em "romper com os modelos autoritários e centralizados que fazem parte da cultura escolar instituída em nossos corações e mentes" (LEITE, 2002).

O referencial teórico-metodológico baseava-se no desenvolvimento de processos autônomos sobre as práticas pedagógicas e a própria formação, e no respeito ao saber do outro, no saber ouvir, no diálogo, na ética e nos saberes culturais, de modo que os educadores vivenciassem atividades que

---

[8] Compreendemos o conceito de emancipação na perspectiva freiriana, contemplando tanto o processo de humanização do oprimido quanto do opressor ou, nas palavras de Freire (1987, p. 30): "[...] aí está a grande tarefa humanista e histórica dos oprimidos – libertar-se a si e aos opressores".

contribuíssem para a reflexão de suas práticas e para a elaboração de metodologias e ferramentas, proporcionando a análise do cotidiano e a busca de soluções. Centrava-se na valorização e no resgate das culturas locais por meio de práticas e posturas que possibilitassem à comunidade escolar (coordenadores, professores e alunos) compartilhar a história e os acontecimentos do lugar em que vivia, de forma que assumisse o papel de partícipe na comunidade.

A proposta de formação assentava-se em princípios fundamentais:

- Inexistência de esquema rígido de planejamento, e sim flexibilidade a partir do contexto local;
- Transparência acerca dos objetivos de cada atividade;
- Interdisciplinaridade no tratamento das situações a partir de vários pontos de vista;
- Aprendizagem recíproca e comunicação nas duas direções entre educadores e assessoria/coordenação;
- Integração das dimensões qualitativas e quantitativas nos planejamentos, em que os dados quantitativos precisam ser qualificados e resultados qualitativos precisam ser quantificados;
- Estímulo a processos autoformativos da equipe local;
- Participação nas decisões e responsabilidades coletivas;
- Procedimento interativo em todas as etapas do planejamento;
- Democratização nas relações de trabalho;
- Privilegiar a escola como local de formação do professor.

Objetivos

Compreendemos a escola como local de excelência para a reflexão da prática educativa, isto é, lugar em que os educadores pudessem se debruçar sobre seus fazeres, tendo como objetivos:

- possibilitar novas aprendizagens a partir dos saberes existentes e vividos;
- contextualizar os objetivos curriculares aos interesses e às necessidades dos educandos;
- discutir os conteúdos curriculares nas dimensões política, cultural, científica e social;
- valorizar as manifestações artísticas e culturais locais, ampliando também o acesso dos professores às diferentes manifestações artísticas, culturais e literárias;
- incentivar a pesquisa e a busca pela educação acadêmica;
- estimular o registro das vivências escolares;
- integrar os diferentes momentos de atividades pedagógicas, identificando a importância de cada um no processo de ensino-aprendizagem: planejamento, desenvolvimento de atividades e/ou projetos, avaliação, coordenação e acompanhamento;
- fortalecer a prática pedagógica dos professores, buscando fundamentação teórica e uma atitude reflexiva sobre sua prática;
- fortalecer os coordenadores locais como "formador de formadores";[9]
- refletir sobre a escola que os professores tiveram, a escola que eles estavam fazendo e a escola que queriam fazer.

Estratégias

As estratégias formativas centravam-se no desenvolvimento de oficinas, grupos de estudos, debates, seminários, dinâmicas de

---

[9] São profissionais que podem contribuir para desencadear um processo de formação contínua nas próprias escolas, assumindo as funções de formadores junto aos professores, ajudando a desvelar a proposta transformadora da escola, a refletir sobre a prática, a problematizar o cotidiano, etc. Ver ORSOLON, 2005.

grupo, sínteses e avaliações diárias, entre outras. Compreendia-se que as estratégias utilizadas na ação pudessem, devidamente adequadas à realidade e às necessidades dos educandos, ser desenvolvidas em sala de aula com os jovens e adultos.

Ao final de cada dia de trabalho, realizávamos reuniões com os coordenadores de cada município, visando fortalecê-los em seu papel de "formador de formadores". O trabalho deles deveria ser coletivo e vincular-se a um projeto educativo, compartilhado pela comunidade escolar, que valorizasse a produção e a participação coletiva na formulação dos objetivos educacionais e das estratégias pedagógicas.

Tomávamos a prática educativa como objeto de estudo, de reflexão, de sistematização e de comunicação, de forma a difundir o projeto pedagógico da instituição, assim como o processo de reconstruções progressivas que gerassem mudanças significativas, visando o intercâmbio de experiências com outras instituições.

Partíamos das experiências de cada município, buscando uma unidade que integrasse os aspectos reflexivos e teóricos à prática educativa. O tema da avaliação foi recorrente em todos os encontros, seguido de projetos didáticos, currículo e procedimentos metodológicos. Trabalhávamos com textos e livros técnico-pedagógicos e literários, produções escritas, filmes, vídeos, músicas e reproduções de obras de arte.

Cada encontro envolvia também visitas aos pontos turísticos e ao comércio local, de modo que os trabalhos extrapolassem o espaço físico da "sala de aula", com a intenção de ratificar que o processo formativo poderia acontecer para além dos muros escolares.

A identidade do educador de EJA: permanente construção

> [...] Vivendo se aprende; mas o que se aprende, mais, é só a fazer outras maiores perguntas. (GUIMARÃES ROSA, 1988, p. 363)

Aliada à formação dos educadores em EJA, discutíamos a importância de constituir uma identidade para esse educador, que fosse além da perspectiva destacada por Leitão ao afirmar que:

> [...] a palavra formação nos remete à idéia de dar forma, de moldar, como se os outros – educadores, professores – fossem uma massa amorfa que só saísse desse estado a partir das informações, conteúdos e teorias que orientam as propostas formadoras. (LEITÃO, 2004, p. 26)

Essa perspectiva é limitadora e simplista, pois coloca a formação como algo externo ao sujeito e localizada no conhecimento ou no especialista, responsável por sua "transmissão", que trará as respostas para todas as questões. Assim, um dos grandes desafios da experiência em tela era valorizar, fortalecer e favorecer os saberes de cada um, bem como as práticas educativas existentes, visando à ampliação de outros entendimentos e apropriações. Isso nos obrigava a reconhecer que não partíamos do zero, do nada, que havia uma história construída, sobre a qual precisávamos debruçar-nos e interrogar-nos, pois dali emergia o que éramos e fazíamos. Era preciso ter a consciência de que essa mudança, se necessário fosse mudar, só seria possível com a participação de todos os envolvidos no processo, a partir de seus desejos e de comprometimentos coletivos com a mesma.

Novamente Leitão (2004, p. 27) nos ajuda a refletir sobre tais questões, pois sendo os professores os condutores do cotidiano da educação:

> são eles que podem contribuir e participar na formulação e implantação das políticas de formação revelando o que sabem, o que desejam, o que querem, o que não querem, o que necessitam, contribuindo com o que têm a dizer, com o que fazem, como pensam e representam o que fazem.

No campo da EJA, entretanto, o percurso da formação tem sido, na maioria das vezes, muito solitário e oriundo de inquietações dos próprios educadores advindas de suas práticas: integração dos conteúdos, avaliação, tempo e espaço diferenciados para os alunos trabalhadores, currículo, heterogeneidade das turmas, entre outras. Além dessas, tínhamos outras questões relacionadas à formação propriamente dita: como formar o educador de jovens e adultos nas diversas áreas de conhecimento? Como trabalhar processos formativos diante dos diferentes níveis de ensino? Como dar continuidade às ações de formação diante das distâncias territoriais? Como trabalhar processos formativos diante da complexidade que se manifesta no contexto da prática educativa? Como fazer diante da heterogeneidade do perfil de escolaridade dos professores? Diante da heterogeneidade de trajetória profissional? Do referencial de formação pautado no "ensino regular"? Como os professores podem assumir o controle sobre os rumos de suas formações? Que articulações poderíamos construir entre o Projeto Político-Pedagógico da escola e a formação contínua em serviço?

Tudo isso apontava a necessidade de construir uma identidade do educador da, na e para a EJA. Nesse sentido, as estratégias visavam à construção coletiva de saberes e conhecimentos e a vivência de relações mais democráticas, nas quais cada um era convocado a enriquecer o processo de trabalho. Os especialistas e os coordenadores externos[10] colocavam-se como parceiros da aventura pedagógica, acenando que as respostas não estavam construídas a priori e precisavam ser construídas coletivamente e permanentemente, respeitando as necessidades, os interesses e o tempo da equipe. Descobrir que causava um baque e um grande mal-estar o fato de nós, ditos "especialistas" e coordenadores, não possuirmos as respostas que o grupo de educadores desejava, visto que implicava desconstruir as concepções de que o conhecimento era dado.

---

[10] Profissionais que acompanhavam os encontros de formação, mas não estavam presentes fisicamente no dia a dia das escolas de EJA.

Isso nos remetia a função qualificadora ou permanente da EJA,[11] quanto ao direito ontológico de todo ser humano de continuar a aprender ao longo da vida, como uma condição própria da humanidade de experiência inacabada e de provisoriedade do conhecimento, exigindo uma reflexão permanente.

Tal fato denotava o desafio de construir processos de formação e autoformação que fossem contínuos e permanentes, que tivessem como base o "chão da escola", ou seja, que fossem processos de educação contínua em serviço.

Precisávamos considerar a diversidade presente nessa equipe, a singularidade das histórias de vida, as diferentes inserções no campo profissional, bem como a forma como lidávamos com a diversidade encontrada na própria sala de aula. Era preciso garantir a identidade dos e a igualdade entre os participantes, entendendo que "temos o direito de ser iguais sempre que a diferença nos inferioriza assim como temos o direito de ser diferentes sempre que a igualdade nos descaracteriza (SANTOS, 1999). O que era visível, pois, dentro de um mesmo Estado, a realidade e a diversidade cultural entre os municípios eram riquíssimas, assim como a inter-relação capital e interior, regiões sudeste (especialistas e coordenadores externos) e Nordeste (educadores e coordenadores estaduais e locais).

Nossos encontros deveriam garantir a vivência e o aprendizado da diversidade, o convívio com as diferenças e as práticas coletivas, solidárias e fraternas; que possibilitassem o exercício da reflexão, da discussão, de outra qualidade de ação, além de escuta atenta, do gesto que se faz afetuoso, da atenção e do cuidado com todos e todas, de forma que a nossa identidade, em permanente construção, pudesse ir sendo reconstruída nessa relação com o outro. Outro, que nos forma e a quem também

---

[11] Ver Diretrizes Curriculares Nacionais para a EJA – Parecer CEB n.º 11/2000.

formamos nos embates, nos encontros de saberes, de valores, de desejos, de sentimentos, entre o que é vivenciado, modificado, apropriado, recriado, criado.

A construção da identidade coletiva dava-se no confronto com o que o outro era, que nem sempre agradava, mas também na possibilidade do que poderia nos enriquecer quando nos provocasse, fosse pela identificação ou pela diferenciação. Portanto, compreender que esse confronto era o que nos possibilitava o amadurecimento da escolha, à medida que compartilhávamos, discutíamos e identificávamos nossos saberes, visto que fortalecia nossas práticas por meio daquilo que nos unia, mas não nos homogeneizava.

O processo de construção dessa unidade e identidade coletiva, nem sempre foi harmônico, mas nos fortalecia, no exercício democrático, de nossas escolhas, ou seja, da escola que desejávamos construir em EJA. A unidade e a identidade coletiva não significavam um caminho único, um pensamento único, mas sim o respeito às histórias de cada município na EJA, aos seus tempos de aprendizagens, às suas práticas significativas, aos seus impasses, aos seus conflitos, entre outros.

Nossa reflexão sobre esse processo formativo apontou que há uma complexidade própria, que nos desafiava e motivava a pensar outros caminhos e outras possibilidades, a partir de diferentes dimensões racionais, afetivas, epistemológicas, cognitivas, éticas, estéticas, políticas, sociais que nos constituem como homens e mulheres, como educadores e educadoras.

Foi essa perspectiva da emancipação que permeou o processo formativo, entendendo que o caminho se constrói no caminhar e que, portanto, não basta escolhê-lo, é preciso fazê-lo e refazê-lo durante a própria caminhada. Assim, a construção da emancipação tem como *lócus* principal a escola, enquanto espaço de integração, criação, possibilidades, aprendizados, confrontos, confiança, afetos, interrogações que ampliem os sentidos de ser e estar no mundo.

Dessa forma, essa complexidade foi incorporada ao processo como elemento de articulação e de fortalecimento, no enfretamento das condições adversas, buscando favorecer um exercício emancipador nas práticas coletivas, estabelecer as conexões entre sujeito e história, construir a identidade de educadores da, na e para a EJA e trazer novas questões para o debate, visto que o que se aprendia, mais, era só fazer outras maiores perguntas.

Limites e possibilidades do caminho

> Viver e não ter a vergonha de ser feliz, cantar e cantar e cantar a beleza de ser um eterno aprendiz.
> (GONZAGUINHA, 1982)

Tomando o universo da EJA como ponto de partida e de chegada, fomos observando que uma das dificuldades consistia em sair do lugar do saber especializado, do modelo centralizador e das práticas autoritárias, que tínhamos como referência de formação. Construir outros referenciais implicava a tomada de consciência da equipe de que poderia caminhar sozinha, de forma autônoma e independente, construindo a escola de EJA que desejava.

Nesse sentido, afirmávamos que não esperassem por nós[12] para encontrar as respostas que buscavam, mas que deveriam olhar para suas práticas educativas, refletir sobre elas, discutir caminhos possíveis de ser trilhados naquele momento histórico, refletindo entre o ideal e o real, o que era possível.

A distância temporal de um ano entre cada encontro também foi um limite concreto. O período de tempo trazia muitas possibilidades, mas não era suficiente para dar conta das questões que emergiam do cotidiano da prática educativa. A equipe não podia esperar mais um ano para tratar o que era

---

[12] Visto que os especialistas e coordenadores tinham como papel, na perspectiva de formador de formadores apontada anteriormente, instigá-los e provocá-los em direção à construção do conhecimento.

emergente e necessário no dia a dia das escolas. Portanto, a formação vivenciada nesses encontros era pontual, não dava conta da vida que pulsava nas escolas. Era preciso criar outras estratégias que garantissem a formação contínua em serviço, em que os compromissos firmados e agendados fossem cumpridos, ampliando os espaços formativos.

A distância espacial entre os municípios e a coordenação estadual, com exceção de Recife, consistia em outro entrave para o acompanhamento do processo de ensino e aprendizagem. Precisávamos criar outras estratégias que aproximassem as coordenações estadual e local dos professores, bem como a coordenação estadual das locais.

A coordenação estadual, em Recife, conseguiu aproximar-se das escolas do entorno, por meio da participação em reuniões pedagógicas, planejamentos, grupos de estudos, etc. Para as escolas fora de Recife, a solução era aproximar seus coordenadores locais dos professores, envolvendo todos na escola.

Nesse aspecto, era olhar a escola como ponto de partida e de chegada da formação contínua em serviço, como centro de referência – lugar de aprendizagem e de trabalho do professor.

Outro limite visível e, ao mesmo tempo, potencializador era a formação diversa dos professores, que denotava a importância se constituir coletivos por áreas de conhecimento que permitissem aos educadores trocar experiências, discutir suas práticas, estudar suas áreas, enfim, fortalecer seus saberes profissionais. Uma solução era realizar reuniões em equipes com um coordenador de área ou pedagogo que pudesse instigar as equipes a um processo de reflexão.

As diferentes trajetórias pessoais e profissionais dos educadores também trouxeram novas questões[13] para a formação

---

[13] Diferentes compreensões do processo educacional, desconhecimento do coletivo histórico das equipes de Pernambuco, sentidos diferenciados quanto à especificidade da EJA, entre outras.

contínua, bem como a entrada dos contratados ao longo do processo, que necessitavam de ser integrados à equipe, de incorporar os princípios da Proposta Pedagógica de Pernambuco, ultrapassando as questões iniciais já vivenciadas pela equipe.

Esses limites apontavam que as ações pontuais não davam conta das demandas cotidianas de formação da equipe. Era preciso criar e potencializar outros momentos de formação contínua em serviço, tais como reuniões pedagógicas, conselhos de classe, reunião de alunos, reuniões de planejamento coletivo, tendo-os como momentos de práticas de estudo, de discussão de práticas significativas no trabalho, de busca de motivos e das bases que fundamentassem a ação. Essa era uma das possibilidades.

Outra possibilidade era o registro sistemático das experiências, a fim de construir a memória da escola e dos professores, que analisada e refletida, contribuiria para a elaboração teórica que revigorasse e engendrasse novas práticas.

Nesse sentido, a reflexão como prática de pesquisa era fundamental para o desenvolvimento profissional, pois assumia um caráter de mediação de aprendizagem e de promotora da autonomia do sujeito aprendiz.

Observamos nesse processo que a formação inicial era um dos aspectos fundamentais para a construção da identidade de professor; entretanto, não dava conta das especificidades da EJA. Outro aspecto referia-se à formação contínua em serviço, na qual essa identidade ia consolidando-se, à medida que os professores fossem construindo saberes e formas que lhes possibilitassem produzir-se como educador da, na e para a EJA, mesmo que em permanente construção.

Considerações Finais

Essa experiência evidenciou que a formação de educadores de jovens e adultos deveria compreender a escola como ponto de partida e de chegada da formação contínua em serviço –

como centros de referência – lugar de aprendizagem e de trabalho do professor.

O sentido da formação contínua em serviço centrou-se na reflexão da prática docente situada em um processo histórico, coletivo, voltado para o cotidiano, por meio de análises socioeconômicas, culturais e ideológicas, requerendo permanente revisão de práticas, tendo o professor como sujeito de desejos e da construção dos seus conhecimentos.

Isso implicava participar da organização e da gestão da escola, por meio da tomada de decisões coletivas, atuar no Projeto Político-Pedagógico, dividir preocupações com os pares, desenvolver-se profissionalmente e, principalmente, aprender a profissão no próprio exercício de ensinar, ao estabelecer uma ponte com as reflexões de outros professores, visto que nem os processos nem "as pessoas não foram terminadas, estão sempre mudando" (GUIMARÃES ROSA, 1999, p. 52).

Referências

BRASIL. *Diretrizes Curriculares Nacionais para a Educação de Jovens e Adultos*. Parecer n.º 11/2000. Câmara de Educação Básica. Conselho Nacional de Educação. Brasília: MEC, 2000.

BRASIL. *Lei de Diretrizes e Bases da Educação Nacional*. Brasília: MEC, 1996.

FUSARI; FRANCO. A formação contínua como um dos elementos organizadores do projeto político-pedagógico da escola. In: *Formação contínua de educadores*, Boletim n. 12. Rio de Janeiro: TV Escola, Salto para o Futuro, ago. 2005.

GONZAGUINHA. O que é, o que é. In: *Caminhos do coração*. Rio de Janeiro: EMI-ODEON, 1982.

GUIMARÃES ROSA, J. *Grande sertão: veredas – O diabo na rua no meio do redemunho*. 37. ed. Rio de Janeiro: Nova Fronteira, 1988.

FREIRE, P. *Pedagogia da autonomia: saberes necessários à prática educativa*. 2. ed. São Paulo: Paz e Terra, 1997.

FREIRE, P. *Pedagogia do oprimido*. 23. ed. São Paulo: Paz e Terra, 1987.

JARA, O. *Para sistematizar experiências*. San José (Costa Rica): AL-FORJA, 1998.

LEITE, M. *Conversa entre professores*. XI ENDIPE – Encontro Nacional de Didática e Prática de Ensino. Goiânia, 2002.

LEITÃO, C. F. Buscando caminhos nos processos de formação/autoformação. *Revista Brasileira de Educação*, São Paulo: n.27, set/out, nov./dez. 2004.

ORSOLON, L. A. M. O coordenador/formador como um dos agentes de transformação da/na escola. In: ALMEIDA, L. R.; PLACCO, V. M. N. S. (Orgs.). *O coordenador pedagógico e o espaço da mudança.* 4. ed. São Paulo: Loyola, 2005.

SANTOS, B. S. A construção multicultural da igualdade. Coimbra: Centros de Estudos Sociais, 1999.

SESC. *Proposta Pedagógica Educação de Jovens e Adultos*. Rio de Janeiro: SESC, 2000.

SOARES, L. *Educação de Jovens e Adultos: diretrizes curriculares nacionais*. Rio de Janeiro: DP & A, 2002.

Limites e possibilidades da formação continuada de professoras de EJA mediada por registros diários[1]

Marisa Narcizo Sampaio

Muito se fala sobre dificuldades que a escola enfrenta para promover a educação sistematizada, visando proporcionar à população melhores condições de atuação social. Temos um sistema educacional que conjuga baixos salários para o professorado, precárias condições físicas das escolas, sucessão rápida e constante de propostas pedagógicas (quando existem), visão fragmentada do processo de aprendizagem, precária formação inicial e continuada dos educadores e educadoras. O trabalho da escola, porém, se materializa principalmente através do trabalho dos professores e professoras. São eles e elas os mediadores entre os estudantes e o conhecimento, responsáveis pela organização do trabalho didático e por tentar garantir a aprendizagem. Mesmo não sendo os únicos responsáveis pelos

---

[1] Optei pelo tratamento no feminino para evitar o excesso de repetição da forma "professores e professoras", já que, no caso enfocado neste trabalho, trata-se de um universo formado quase na totalidade por mulheres.

resultados da atuação escolar, sem a sua atuação, sem a sua mediação, é muito difícil atingir o aluno, para quem a escola deve trabalhar em uma perspectiva emancipatória.

Essa tarefa impõe desafios permanentes aos docentes e isso quer dizer que o investimento na formação continuada é fundamental para que eles estejam permanentemente pensando sobre o seu fazer, buscando respostas, sempre provisórias, para as questões que a prática cotidiana traz. Essa necessidade se revela ainda maior quando pensamos na Educação de Jovens e Adultos (EJA), já que em sua história é possível notar que normalmente ela aparece como uma modalidade menor de educação, para a qual tudo serve, basta fazer algumas adaptações, portanto não há necessidade de qualificar, preparar e formar continuamente profissionais para se dedicarem a ela.

A experiência que pretendo discutir neste artigo diz respeito justamente ao fazer cotidiano da formação contínua de professoras de EJA num projeto que visa alfabetizar e escolarizar jovens e adultos até o 2º ciclo do primeiro segmento (1º ao 5º ano) do ensino fundamental, desenvolvido em municípios do interior das regiões Norte e Nordeste. A distância que separava fisicamente a equipe de coordenação das professoras em seus municípios provocou a necessidade de buscar alternativas para empreender uma forma de estabelecer um diálogo que contribuísse para a reflexão sobre a prática cotidiana e seus desafios e para a formação continuada, visando o aprimoramento constante do trabalho oferecido aos alunos e alunas jovens e adultos. A alternativa encontrada foi instituir a escrita de registros diários da prática pedagógica desenvolvida nas salas de aula, para que, chegando até a equipe de coordenação, pudessem minimizar o impedimento de estar, como a maioria dos coordenadores, ao lado das professoras, acompanhando diária e cotidianamente seu trabalho.

Minha relação como uma das coordenadoras desse projeto com os registros das professoras fez nascer um desejo de investigar um pouco mais sobre eles, e esse desejo se transformou numa pesquisa para a tese de doutorado. Inicialmente a pesquisa estava voltada para revelar a contribuição que esses registros podem dar à reflexão sobre a prática, para investigar o processo de autoria que acontece com as professoras nessa dinâmica e para descobrir o conhecimento pedagógico que está sendo produzido por elas. Assim, a pesquisa foi me mostrando muitos outros aspectos dos registros e dessa relação mediada por eles. Contar um pouco dessas revelações, principalmente no que se refere às possibilidades e aos limites de utilização dos registros como instrumento de formação continuada de professoras é o que faço a partir de agora neste artigo.

Possibilidades: escolhas iniciais e últimas descobertas

A dinâmica proposta para elaboração e utilização desses registros visando ao acompanhamento, à orientação pedagógica e à formação continuada das professoras é a seguinte: as professoras das turmas os produzem diariamente; a orientadora pedagógica lê, comenta com cada professora o seu registro, socializa-os e planeja ações de formação a partir deles. Ela faz seus registros mensalmente. A orientadora trabalha 40 horas semanais, e as professoras 20 horas: 15 horas com os alunos e 5 horas para a realização de atividades de planejamento, estudo e registro do seu cotidiano.

A coordenadora, que fica na capital de cada Estado, lê os registros, comenta e realiza visitas às turmas para fazer orientação e supervisão pedagógica; ela também registra mensalmente o seu trabalho. A equipe de coordenação nacional orienta pedagogicamente a distância, lendo os registros, fazendo visitas mais esporádicas às turmas e produzindo registros diários do seu trabalho e de todas as ações de formação que realiza. Trata-se de uma rede de troca de conhecimentos e formação continuada. Os registros escritos pelas professoras são lidos pelas orientadoras e coordenadoras estaduais e nacionais (por estas últimas de três em três meses); os das orientadoras são lidos mensalmente pelas coordenadoras estaduais e nacionais e esporadicamente pelas professoras. Os registros das coordenadoras estaduais e nacionais podem ser lidos por todos, de acordo com a necessidade.

No momento da escolha e organização dessa dinâmica de trabalho, Madalena Freire (1996) nos auxiliou com sua defesa e prática de uso de registros como instrumento de autoformação que, através da reflexão sobre a prática, pode ajudar a relacionar teoria e prática, conhecimentos prévios e conhecimentos novos, bem como avaliar a própria prática e planejar as práticas seguintes.

À medida que se escreve e se pára para organizar o que será registrado é possível retomar e analisar o realizado, relacionar com o planejado, avaliar os avanços, as dificuldades, o que deve ser revisto, o retorno dos estudantes, como eles se relacionaram com as propostas, como avaliaram o trabalho, que desempenho tiveram, enfim, é possível fazer escolhas sobre o que será priorizado para registro. Quando se escreve está sempre presente um "ausente", ou seja, o interlocutor, o destinatário, aquele para quem se escreve. Nesse caso as professoras escrevem para contar a colegas, orientadoras e coordenadoras o trabalho desenvolvido.

Jackson (1991) cunha os termos "interativo" e "pré-ativo" para designar os momentos em que a professora está atuando com seus alunos e alunas e em que está só, antes ou depois das aulas, e durante os quais pode se dedicar à reflexão e à análise do realizado. É no momento "pré-ativo", distanciadas da ação, que as professoras se põem a escrever, registrando seu trabalho com a mediação desse interlocutor ausente. Na opinião de Geraldi (1997) esse distanciamento já é parte da formação continuada, porque necessariamente escrever é revisitar o vivido e semiestruturá-lo de outra forma, com a linguagem. Refazer o vivido através da linguagem possibilita pensar sobre ele, proporcionando uma qualidade diferente à experiência.

Posteriormente outros autores, como Porlán e Martín (2000), também auxiliaram nossa fundamentação, pois propõem a utilização de registros para ajudar a perceber a diversidade de situações que acontecem no processo de ensino-aprendizagem, a diversidade de reações e soluções encontradas por professoras e alunos para resolver os desafios/problemas/dificuldades/questões que aparecem. Para esses autores os registros de professoras são: (a) um recurso de investigação da prática pedagógica, que mostra o ponto de vista do autor (professora) sobre os processos mais significativos da dinâmica em que está inserido; (b) um guia para a reflexão sobre a prática que ajuda a conscientizar as professoras a respeito de seus modelos de referência; (c) uma forma de estabelecer conexões significativas entre conhecimento prático e conhecimento teórico, permitindo tomar decisões mais fundamentadas; (d) um instrumento para o desenvolvimento dos níveis descritivos, analítico-explicativos e valorativos do processo de investigação e reflexão das professoras.

Isso quer dizer que os escritos das professoras registram o cotidiano, e o cotidiano registrado pode ser um interessante instrumento de formação, porque pode fazer notar que essas situações são únicas e que não existe modelo adequado para dar conta de todas elas. Dessa forma, as situações descritas podem ser exemplo das diversas formas de atuar, de como os sujeitos envolvidos no processo educativo vão lidando com a inconstância, a repetição e a não repetição da realidade, ou seja, vão produzindo conhecimento ao longo da prática. Quando penso de que maneiras os registros podem se transformar em instrumento a serviço das professoras, de sua prática pedagógica e de sua formação, encontro em Zabalza (2004) o conceito de dilema que ajuda a perceber a complexidade e a imprevisibilidade da aula e do trabalho pedagógico no cotidiano. "Lendo os diários às vezes percebe-se com clareza, entre uma linha e outra, quais são os dilemas que mais preocupam o professor, em torno de quais situações dilemáticas do ensino desenvolve seu processamento da informação e suas decisões" (p. 18). Para ele, o maior potencial dos diários é a "possibilidade de poder 'iluminar' os dilemas profissionais e pessoais de quem escreve" (ZABALZA, 2004, p. 150).

Segundo Porlán e Martín (2000), além de nos permitirem saber como estão sendo desenvolvidas as aulas, os relatos revelam crenças, soluções, dúvidas, necessidades, descobertas e desafios das professoras, sobre os quais podemos fazer comentários e dar orientações para a prática, dialogando com as professoras e demais educadoras e com as teorias e a proposta pedagógica. Dessa forma, foram se tornando a base para o planejamento de ações de formação de todos os tipos. Ao longo do tempo fomos percebendo, em análises não sistemáticas e não registradas, a importância e o papel formador desses relatos na configuração de uma prática pedagógica característica do projeto. Quem lê para comentar, para perceber as necessidades, para levantar questões e propor estudos e trocas, enfim, para tematizar a prática, também se forma nessas ações e com elas.

O trabalho realizado a partir dos registros se desenvolve com ações diversas. A distância, continuamente como rotina de trabalho, encaminhamos textos e materiais para estudo e consulta; fazemos intercâmbio das produções das equipes, dos relatos e dos planejamentos de umas para as outras; lemos e comentamos planejamentos e relatos com as coordenadoras estaduais por telefone e e-mail.

Durante algumas visitas às turmas, são realizados cursos sobre assuntos específicos, como as áreas de conhecimento, por exemplo. Realizamos também uma ação que consiste em participar do trabalho realizado pela orientadora pedagógica e pelas professoras na sala de aula e em discutir com a equipe a prática cotidiana com referência nas experiências, na proposta pedagógica, em textos teóricos, planejamentos, registros das professoras, instrumentos de avaliação dos estudantes e outros materiais. É quando nos aproximamos de um fazer que Weisz

(2002, p. 123) denomina "tematização da prática" e propõe "olhar para a prática de sala de aula como um objeto sobre o qual se pode pensar".

Cada equipe de professoras multiplica as maneiras de se formar continuamente, embora muitas vezes ainda tenham dificuldade de se organizar e se perceber como fonte de conhecimento. Nas horas disponíveis para a realização do trabalho fora da sala de aula, o tempo tem sido dedicado a: (a) planejamento coletivo; troca de experiências; (b) realização de grupos de estudo e discussão de temas relacionados à prática pedagógica; (c) socialização de relatos e práticas das professoras; (d) acompanhamento individual pela orientadora do trabalho de cada professora; (e) registro das atividades da sala de aula; (f) avaliação do trabalho e dos alunos com o apoio dos instrumentos de avaliação; (g) discussão da prática pedagógica com base na participação das orientadoras pedagógicas na aula e da leitura dos registros. Algumas vezes são organizados grupos em que as professoras estudam questões levantadas por elas ou pelas orientadoras e/ou coordenadoras a partir da leitura dos registros. Levantam questionamentos que o próprio grupo tenta responder com subsídios dos livros e textos e de sua experiência, e conhecimentos práticos e teóricos. Elas selecionam livros e textos para ler e discutir em grupo. As equipes programam estágios de professoras umas com as outras. Além disso, são realizados cursos ministrados pelas professoras para professoras ligadas a outros projetos ou instituições.

Limites: inicialmente pensados e recentemente revelados

Na possibilidade de ser instrumento de reflexão e formação, os registros apresentam limites como instrumento de acompanhamento. São fragmentos do cotidiano, anotações do que é repetitivo, banal, rotineiro e do que é imprevisto, singular, criação, diferença, irrepetível, imprevisível, complexo.

Expõem o cotidiano que contém essas características e é constituído por elas. Mostram, porém, de maneira pessoal, sob a ótica da professora, o que ela percebe, guarda, quer registrar e expor a respeito do que faz. Por isso, tentamos partir do pressuposto de que o que está escrito é a versão de cada uma do que aconteceu. São registros de partes desse cotidiano que se produz permanentemente, de sua repetição e sua singularidade, características também da prática pedagógica. E são produzidos na dinâmica desse cotidiano, enquanto se produzem o projeto, a prática pedagógica, as professoras, a vida cotidiana.

Ao longo da pesquisa fui descobrindo que os limites estão relacionados não apenas ao fato de os registros serem fragmentos, mas também à obrigatoriedade de fazê-los; ao modo como são utilizados; às relações entre as educadoras que os produzem e as que os leem dentro da estrutura hierárquica em que atuamos. Estão nas relações de poder, porque são solicitados pela coordenação, e percebo uma tensão no fato de as professoras escreverem não para si mesmas, mas para o outro. Essa condição conforma as professoras, sua atuação e sua escrita nessa relação.

Comecei a descobrir esses aspectos durante os estudos do doutorado e após conversar com um grupo de professoras que propuseram que os relatos passassem a ser semanais. Achavam que dessa forma eles já não cumpriam a função de ser um instrumento de reflexão sobre a prática diária, um registro dos questionamentos, das dúvidas, dos imprevistos e de suas soluções, das mudanças no planejamento, das reações dos alunos, enfim de uma prática construída dia a dia, a partir dos desafios que se apresentam. Encaravam como uma obrigação que cumpriam burocraticamente. A reflexão ficava prejudicada pela falta de tempo e muitas vezes pela repetição da tarefa.

Por outro lado, essas professoras fizeram comigo algumas relações entre o registro e sua prática pedagógica: elas o utilizavam como fonte de consulta para buscar ideias para o planejamento; para fazer uma autoavaliação em relação à prática pedagógica e à redação, ou seja, percebiam o quanto aprendiam sobre como desenvolver o trabalho pedagógico e sobre como escrever, pois ressaltavam seu processo de aprendizagem como escritoras e professoras; julgavam ser um momento que permite a reflexão, pois, ao lembrar do que fizeram, estavam avaliando e questionando o fazer.

Os registros têm representado uma grande contribuição ao trabalho, um instrumento riquíssimo de possibilidades para pensar e discutir a prática pedagógica e algumas possibilidades de diálogo. Porém, é preciso ter claro que não são apenas isso. Os autores que fundamentam essa prática trabalham a ideia de registro como algo realizado espontaneamente pelas professoras, por vontade própria ou incentivadas por colegas ou orientadoras, um registro pessoal, como um diário no qual anotam suas principais observações, seus comentários, suas reflexões sobre o próprio trabalho. Nesse projeto essa produção faz parte das atribuições de trabalho das professoras. É uma atividade obrigatória, uma característica que lhe confere outra dimensão. A existência de tensão entre as razões que levaram à escolha dos registros como instrumento de trabalho, bem como a reflexão, a formação continuada das professoras e o controle me mostram que convivem, entrelaçados, na complexidade desse cotidiano, o discurso democrático, o uso de um instrumento de poder, práticas de compartilhamento, tentativas de diálogo e relações hierárquicas. Essa complexidade de múltiplos aspectos envolvidos nos relatos traz muitas questões ainda por responder.

Nossa prática como professoras, orientadoras, coordenadoras em torno dos registros pode nos ajudar a superar a ideia de controle no sentido apenas fiscalizador. Afirmar e reafirmar essas intenções, sua lógica e sua fundamentação não significa que conseguimos proceder dessa forma o tempo todo: no caminho há tensões e conflitos cotidianos que demonstram o quanto as relações e o diálogo pessoais, profissionais e com o conhecimento não um lago de calmaria, mas um agitado mar de diversidade, imprevisibilidade, diferentes interesses, próprios do cotidiano. Por exemplo, uma observação, uma ponderação e uma sugestão minha ou de outra coordenadora pode ser ouvida e tomada como uma ordem, embora não tivesse sido proferida como tal – o nosso lugar na organização institucional confere esse poder à nossa fala, ou pode ser desconsiderada, pelos mesmos motivos.

O ponto central ligado às relações de poder existentes nessa dinâmica dos registros das professoras está em tornar clara a existência do poder disciplinador como um elemento constitutivo da nossa sociedade, especialmente nas instituições, e em usar esse reconhecimento para lidar na prática cotidiana com o poder de forma mais dialógica. O diálogo, no meu entender, não quer dizer sempre harmonia: pressupõe conflito, embate de ideias e interesses, mas é a possibilidade de desenvolver relações menos excludentes.

Aprendi com Foucault (1986) que alguns procedimentos existentes em nossa sociedade, como a vigilância, a disciplina e seus mecanismos foram naturalizados com o tempo e o uso, mas em sua gênese e intenção são uma forma de dominação, de controle e constituem, além da realidade, o imaginário a respeito deles. Trazendo essa ideia para pensar esses registros como instrumento de controle, percebo que, se tal característica não for clarificada e enfrentada, dificilmente poderá ser a transformada em controle que seja mais do que fiscalizador. Os registros podem ser instrumento de fiscalização travestido de instrumento de reflexão e formação. Mas também podem ter outros sentidos, outros usos, outras possibilidades, como as já ressaltadas anteriormente e as que exponho a seguir.

Para além dos limites

Como registros parciais do que está sendo produzido permanentemente, apesar dos limites expostos, esses documentos dão a possibilidade de compartilhar o que se registra, o que apreendemos do registro, o que se cria a partir dessas apreensões em termos de conhecimento pedagógico, relações e conexões entre os sujeitos (alunos e educadores/as) envolvidos, além de nos ensinar sobre a ambiguidade e multiplicidade presentes nas nossas relações.

Com essa experiência percebemos que, no processo de escrita do registro da prática pedagógica, a descrição é em geral o primeiro passo. A problematização e a reflexão são alcançadas aos poucos no trabalho coletivo e com apoio das outras educadoras. Porlán e Martín (2000) observam um momento inicial da escrita dos registros, em que a descrição das atividades torna-se o foco da professora, muitas vezes demonstrando uma visão simplificada dos acontecimentos na sala de aula. Mesmo sendo assim – uma expressão inicialmente ainda limitada – segundo os autores, o registro pode proporcionar o desenvolvimento de uma observação das situações cotidianas. Zabalza (2004) defende a presença, ao mesmo tempo, da descrição e da reflexão nos diários. Para ele, esses instrumentos podem ser usados na formação das professoras tanto para investigá-la, quanto para orientá-la porque permitem desenvolvimento profissional, avaliação e reajuste de processos, explicitação dos próprios dilemas e acesso ao mundo pessoal. Para o autor o registro mais completo para cumprir essas funções seria o que pudesse contrastar tanto o objetivo-descritivo quanto o reflexivo-pessoal.

Para contribuir com esse processo, algumas estratégias têm sido utilizadas:
- pedir para anotarem impressões sobre estudos, situações e experiências que considerarem marcantes, e só mostrarem se quiserem;
- perceber, a partir dos registros, pontos comuns a ser trabalhados com o grupo de professores;
- reunir aspectos a ser trabalhados em um caso criado a ser estudado em grupo;

- promover a troca de registros entre os professores e orientadores;
- fazer análise do relato de alguém de fora;
- em relação a questões ortográficas e gramaticais, discutir e estudar sem relação direta com os registros, identificando pontos de dúvida comuns para trabalhar no grupo;
- o registro deve ser pessoal no estilo: não há regra, modelo nem imposição.

A escolha em trabalhar com os relatos diários das professoras foi uma tentativa de criar um instrumento para viabilizar o diálogo. A necessidade, a vontade e uma opção teóricometodológica, de se relacionar com as professoras criando uma prática de acompanhamento que tentava fugir da lógica de um controle apenas fiscalizador – historicamente ligada ao papel da supervisão escolar – para instaurar a lógica da construção de um trabalho coletivo. Uma lógica baseada na valorização das produções e em uma prática que pressupõe a discussão coletiva das questões levantadas nos registros, a partilha das experiências e reflexões, e a postura de cada um no grupo como parte de um coletivo que trabalha pela melhoria da qualidade do trabalho pedagógico, de um trabalho coletivo, em que todos contribuem com sua experiência, sua prática, seus saberes.

Tentamos construir uma prática de formação para valorizar o conhecimento das professoras, partindo daquilo que estão fazendo para refletir, discutir e revitalizar a própria prática. Procuramos desenvolver a tematização da prática como eixo da formação continuada das professoras, que se realiza a partir do registro escrito das aulas como uma oportunidade de socializar as inquietações, as dúvidas, as descobertas e de realizar coletivamente a reflexão sobre a prática, reafirmando-a como fonte de conhecimento pedagógico. Encaramos o ato de registrar como um auxílio às professoras para confrontar seus conhecimentos prévios com as suas atividades docentes, provocando a necessidade permanente de reformulação e superação. Essa opção pressupõe que somos todos sujeitos da nossa própria prática e do conhecimento, em que as diferenças de função e de local de trabalho podem ser usadas para fortalecer o trabalho. Sujeitos, porém, ainda sem pensar na dimensão do assujeitamento que está presente nas relações humanas em nossa sociedade e convive com outras formas de relação e faz parte da nossa formação.

O diálogo estabelecido nos permite discutir e rever nossas posições e nossas propostas. Os limites descobertos a partir da pesquisa com os registros provocaram uma discussão ampliada a respeito do papel dos relatos e levaram algumas equipes a criar novas formas de trabalhar com eles. Em alguns municípios os relatos têm sido trocados entre as professoras durante as reuniões de estudo com o objetivo de elas criarem suas formas de ler e usar o material orientando umas às outras. Em outros as professoras propuseram um novo modo de escrever os registros em forma de cartas que trocam entre si, contando uma para outra como estão desenvolvendo as aulas, quais são suas questões, suas inquietações, suas criações e seus avanços. Além da mudança na forma e na interlocutora, que passa a ser uma colega, que cada professora escolhe, não mais apenas a coordenadora e a orientadora, houve uma mudança na periodicidade, que passou a ser semanal. Outros grupos de professoras passaram a fazer seus relatos semanalmente.

É no cotidiano da escola, no seu fazer diário que podemos encontrar alguns caminhos para uma prática pedagógica cada vez mais favorável ao aluno e sua aprendizagem, se conseguirmos escutar, refletir sobre o que essas práticas nos dizem. Os relatos, como instrumentos de registro desse cotidiano, podem apontar caminhos para a reflexão crítica sobre a prática.

Referências

FREIRE, M. O registro e a reflexão do educador. In: FREIRE, M. (Org.). *Observação, registro, reflexão: instrumentos metodológicos I.* São Paulo: Espaço Pedagógico, 1996.

FOUCAULT, M. *Microfísica do poder*. Rio de Janeiro: Graal, 1986.

GERALDI, J. W. *Portos de passagem*. 4. ed. São Paulo: MArtins Fontes, 1997.

JACKSON, P. W. *La vida en las aulas*. A Coruña: Fundación Paideia, Madrid: Morata, 1998.

PORLÁN, R.; MARTÍN, J. *El diario del profesor*: un recurso para la investigación en el aula. Sevilla: Díada, 2000.

WEISZ, T. *O diálogo entre o ensino e a aprendizagem*. São Paulo: Ática, 2002.

ZABALZA, M. *Diários de aula*: um instrumento de pesquisa e desenvolvimento profissional. Porto Alegre: Artmed, 2004.

Memória em forma de relatos de aula. Mais que recordação, um instrumento de trabalho na formação do educador de jovens e adultos[1]

Leôncio Soares
Fernanda Rodrigues Silva

> Nunca vivo um tempo de puro escrever,
> porque para mim o tempo de escrita
> é o tempo de leituras e de releituras
>
> PAULO FREIRE

O texto apresenta uma prática metodológica desenvolvida em disciplinas de formação de educadores de jovens e adultos no curso de pedagogia e na pós-graduação em educação da Universidade Federal de Minas Gerais. Trata-se da atividade de registro das discussões, das temáticas e das impressões vividas em sala de aula. O exercício de apreender o objeto acontecido, de registrá-lo e recontá-lo iniciou-se em 1999 e, ao longo desse período, a sistematização dos relatos de cada curso ganhou três diferentes formatos até obter a configuração atual. A apresentação final dos relatos encontra-se guardada em

---

[1] Contribuíram para esse artigo Ana Rosa Venâncio, Ariane Sampaio Ferreira e Clarice Wilken de Pinho, alunas do Curso de Pedagogia da Faculdade de Educação da UFMG.

cadernos de turma, do ano de 1999 até 2002, quando nesse ano alguns ensaios em disquetes são elaborados e em 2004 aderem definitivamente aos CDs, ampliando assim, a possibilidade de elaboração dos registros com maior número de referências, textos e imagens.

Em estilo narrativo, os registros resgatam, a partir do olhar de quem os elabora, a experiência vivenciada pelo educador junto aos alunos e alunas em cada aula. O registro, então, inscreve-se na pauta da formação dos educadores de jovens e adultos, por identificarmos nessa prática pedagógica um instrumento de análise, de observação, de criatividade e sobretudo de apreensão de um evento de aprendizagem.

No decorrer do texto, abordaremos o momento em que emergiu a necessidade de se criar os "relatos de aula", como se iniciou e vem sendo desenvolvida sua forma de apresentação final; por fim, algumas descobertas e contribuições para a formação de educadores de jovens e adultos, que foram possíveis de observar durante oito anos dessa prática.

Da memória ao registro

A ideia de propor aos alunos essa atividade surgiu a partir da percepção de que muitas informações, citações, referências e menções, expressas nas discussões durante as aulas perdiam-se no intervalo de uma semana. Como uma primeira experiência combinou-se que a cada aula um aluno ou aluna se responsabilizaria por ficar mais atento e, desse modo, anotaria no caderno da turma os pontos mais significativos ocorridos naquele dia. De posse dessas anotações organizaria, ao seu estilo, uma síntese a ser apresentada ao grupo no início da aula seguinte. Ao final da leitura, o caderno era passado às mãos do relator seguinte, que se incumbiria do registro da aula do dia. Ao término do semestre tínhamos em mãos um caderno com cerca de quinze relatos equivalendo às experiências vividas no curso.

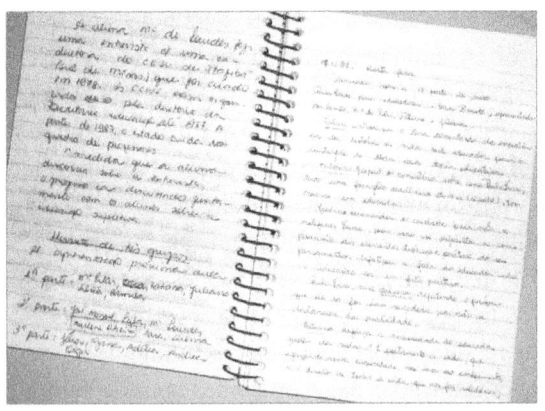

Os relatos impediam que a história desse tempo/espaço ficasse subsumida a outras vivências e que seu conteúdo se dissolvesse no passado. De fato, a história passada poderia ser esquecida, mas não eliminada. Assim, e por isso mesmo, foi possível retomá-la para que se tornasse objeto de lembrança do narrador. No momento de releitura, o narrador e a experiência encontram-se no relato e invocavam os personagens, as relações sociais, os tempos lugares, a fim de conservar a lembrança. Para Freire (1994, p. 15), ler o escrito contribui para aperfeiçoá-lo e inspira a escrever o que está por vir: "Ler o que acabo de escrever me possibilita escrever melhor o já escrito e me estimula e anima a escrever o ainda não escrito. E acrescenta: "Aprendemos a escrever quando, lendo com rigor o que escrevemos, descobrimos ser capazes de reescrever o escrito, melhorando, ou mantê-lo por nos satisfazer" (p. 16). A partir daí, relatar a vivência na sala de aula passou a fazer parte da formação de educadores de jovens e adultos.

As turmas seguintes que participaram da atividade de construir a memória das aulas do curso, elaboraram seus registros manuscritos em um caderno da turma, seguindo certa tendência adquirida a partir do primeiro relato apresentado. Ainda que o exame minucioso dos documentos aponte variações na tessitura de reconstrução da aula, é possível perceber algumas sequências que vão desde a descrição do início da aula, do desenvolvimento de algum tema, passando pelos comentários do professor, dos alunos e alunas, geralmente referenciados e, por fim, os encaminhamentos para a aula seguinte. O alcance pedagógico do registro manuscrito pode ser mensurado sob dois aspectos. Primeiro pelo significado que a aula passa a ter quando se torna objeto de apreensão e registro e, em certa medida, sugere um compromisso maior de alunos e alunas em atentar para os pontos mais importantes referendados em aula. Segundo, a narrativa manuscrita exige uma série de habilidades, como a ordenação das ideias, dos fatos, a coesão e a coerência textuais a tudo o que foi dito, de sorte que o relato apresenta-se muito fiel a seu narrador e ao seu perfil traçados pelos diferentes tipos de letra.

Os relatos manuscritos seguiram até o ano de 2002 e permaneceram com o professor. Após três anos nesse formato, uma aluna ao avaliar a atividade, questionou por que esse rico material sistematizado pertencia apenas ao professor e sugeriu que se avançasse nesse processo. Propôs, então, que os relatos passassem a ser registrados em disquetes.

Desse modo, o segundo formato de organização final dos relatórios das aulas foi por meio de disquetes. Enquanto no caderno os registros eram somente manuscritos, com o advento dos disquetes as possibilidades ampliaram: foram incorporados aos relatos imagens, fotos, gráficos e outros textos. Com essa mudança, houve a necessidade de delegar a algum aluno/aluna a responsabilidade de armazenar, organizar e viabilizar a circulação do material. Para isso, após a apresentação de cada relato, cada um entregava o arquivo em disquete ou providenciava seu envio para o responsável para sistematização do material. Ao término do semestre, todos os arquivos eram anexados em um só disquete e disponibilizados a quem se interessasse. Ainda que essa forma de sistematização possibilitasse a socialização do material organizado, continuou sendo preservado pelo professor, garantindo o acesso para cópia e consulta.

Do ponto de vista pedagógico, os disquetes, envolvem um trabalho mais elaborado, tanto para narração quanto para a organização dos relatos, na medida em que o espaço da escrita se amplia. Destaca-se na produção dos disquetes uma maior inventividade, liberdade expressiva e o início de um trabalho intelectual subsidiando o conhecimento produzido a partir do relato.

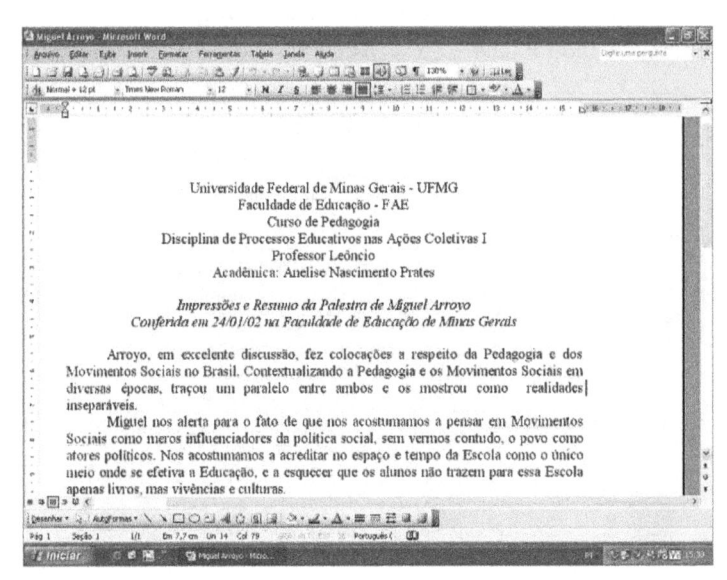

A inovação maior na elaboração da memória de aula surge no terceiro formato, com o uso de CDs, no ano de 2004. Se o disquete havia sido um avanço em relação aos "cadernos da turma", dois anos após seu uso, ele já se mostrava limitado dada a grande quantidade de informações e arquivos anexados pelos alunos. Em avaliação junto aos alunos, foi sugerido que se avançasse para a utilização de CDs. Esse recurso possibilitaria maior dinamicidade na apresentação com uso de músicas, hiperlinks, outros textos, imagens, pequenos filmes, documentários, entre outros. O CD de um curso pode chegar a reunir todos esses elementos. Portanto, a ampliação do discurso narrativo tem extrapolado a dimensão do lembrar, e a aula se transformado em um "tema cultural", um "bem simbólico" (SARLO, 2007), uma experiência diferenciada pelo tempo da reconstituição sem, contudo, perder a esfera do vivido. A narrativa da experiência passa, então, a ser algo que não só se vive mas também se transmite nos interstícios do limiar tênue entre o vivido e o pós-relatado. Comparado ao registro manuscrito e ao disquete, o CD, oferece, do ponto de vista pedagógico, um campo vasto para a composição dos elementos que podem enriquecer temáticas através de pesquisas de interesses individuais.

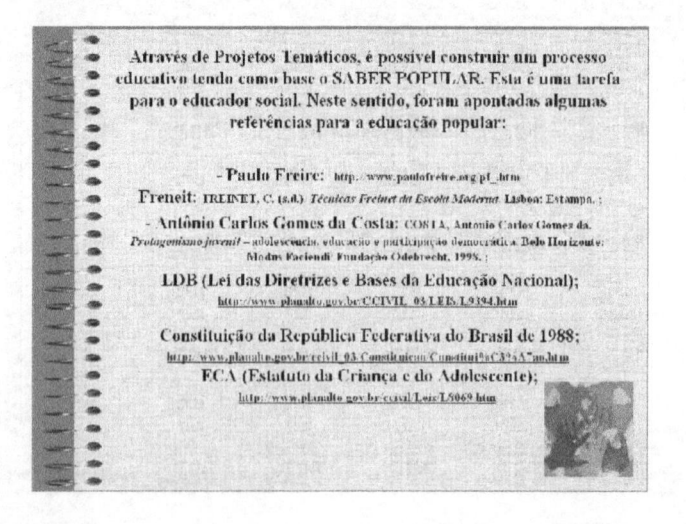

> Através de Projetos Temáticos, é possível construir um processo educativo tendo como base o SABER POPULAR. Esta é uma tarefa para o educador social. Neste sentido, foram apontadas algumas referências para a educação popular:
>
> - Paulo Freire: http://www.paulofreire.org/pf_.htm
> Freneit: FREINET, C. (s.d.) *Técnicas Freinet da Escola Moderna*. Lisboa: Estampa.;
> - Antônio Carlos Gomes da Costa: COSTA, Antonio Carlos Gomes da. *Protagonismo juvenil – adolescência, educação e participação democrática*. Belo Horizonte: Modus Faciendi Fundação Odebrecht, 1998.;
> LDB (Lei das Diretrizes e Bases da Educação Nacional);
> http://www.planalto.gov.br/CCIVIL_03/LEIS/L9394.htm
>
> Constituição da República Federativa do Brasil de 1988;
> http://www.planalto.gov.br/ccivil_03/Constituicao/Constituiçao.htm
> ECA (Estatuto da Criança e do Adolescente);
> http://www.planalto.gov.br/ccivil/Leis/L8069.htm

O relato e a questão metodológica

Observando a descrição sobre o formato que os relatos ganharam durante os oitos anos em que vêm sendo organizados, pode se perceber que no primeiro momento, enquanto eram manuscritos, demandaram como recurso apenas o "caderno da turma" para se concretizarem. O caderno transitava de aluno a aluno, dando-lhe o direito a revisitar a aula passada enquanto estivesse elaborando seu relato. Ao acabar o curso, a apresentação também se concluía. Ainda que sob o signo da "circulação egoísta", permanecia apenas com o professor. O relato manuscrito pode ser proposto em qualquer circunstância de sala de aula, sem perder seu objetivo maior, que é recuperar a experiência vivida à luz do olhar do observador. No formato de caderno essa prática pedagógica foi vivenciada nas disciplinas *processos educativos nas ações coletivas* e *organização da Educação de Jovens e Adultos* do curso de Pedagogia. É importante ressaltar que essas disciplinas compõem o currículo da habilitação em EJA, criado na UFMG, em 1986.

> Esse trabalho foi possível, pois fiz a releitura do texto, extraindo as informações mais importantes; tirei xerox das informações que Sâmara e Edília apresentaram, peguei o esquema de apresentação da Isabela e Luciana; as minhas próprias anotações e algumas anotações da Fernanda.
> O término da aula se deu às 11:05 horas.
> Kelly Cristina Lage Teles

O disquete e o CD, por um lado, oferecem possibilidades de ampliar a narrativa; por outro, exigem uma infraestrutura que possibilite sua organização e aplicação, ou seja, a disponibilidade de computador, além de conexão à *internet* para os aplicativos que levam *hiperlinks* e até mesmo retroprojetor. Isso porque se leva em conta que cada relato é apresentado à turma a cada aula seguinte para apreciação e sugestão de alterações antes de ser encaminhado ao organizador. Esses dois suportes necessitam da figura do organizador de modo a garantir que os relatos sejam reunidos, passados para o produto final a ser reproduzido. A produção em CD se deu nas disciplinas da pós-graduação "Educação, Cidadania e Movimentos Sociais"; "Paulo Freire" e "Estudos e Pesquisas em EJA" e se estendeu para as disciplinas de graduação.

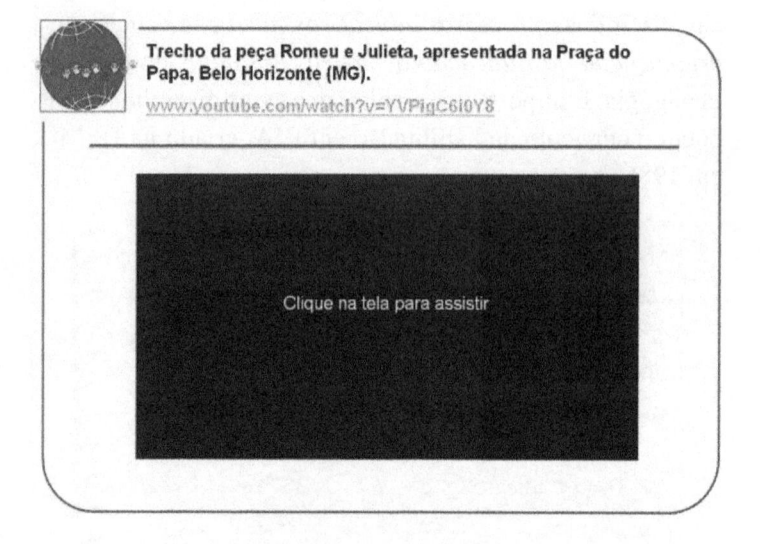

Trecho da peça Romeu e Julieta, apresentada na Praça do Papa, Belo Horizonte (MG).
www.youtube.com/watch?v=YVPigC6i0Y8

Clique na tela para assistir

Ser sujeito da experiência

O conjunto da produção acadêmica no campo da EJA, o qual não pode ser considerado atualmente como incipiente, vem apontando de modo cada vez mais recorrente as especificidades dos sujeitos. Uma dessas especificidades é o reconhecimento de que são sujeitos de memórias, de experiências e de conhecimentos. No dizer de Freire (1996) *aprender é uma experiência de quem cria e não de quem é teleguiado*. Saber resgatar, apreciar e recortar tais memórias é uma arte fora de qualquer currículo de formação de educadores. Há uma tendência, da parte de alguns pesquisadores, em fazer uma reflexão sobre sua produção, uma pausa para pensar a respeito do que já se fez. Cito aqui as publicações de *Metamemórias*, de Magda Soares, de *Itinerário de leitura de um sociólogo da educação*, de André Petitat e de *Educação Popular e Escola Cidadã*, de Carlos Brandão, em que os autores se dedicaram ao exercício do "pensar sobre" o que escreveram (SOARES, L., 2005).

Afinal, quais as contribuições dos relatos de aula para a formação do educador de jovens e adultos? Como o futuro educador pode incorporar essa prática pedagógica em sua atuação profissional?

A fim de compreendermos como o relato de aula contribui para a formação dos educadores de jovens e adultos, associamos a este debate a questão da sala de aula como espaço em que se vive a ação educativa. Nesse sentido, concordamos com Freire (2003, p. 163) e com Zabala (1998) que o espaço de sala de aula não deve ser o do descaso pelo "quefazer", e sim o lugar apropriado para se levar alunos e alunas a desejar o conhecimento e adquiri-lo. Como incentivá-los a extrapolar os limites da relação comunicativa estabelecida em sala de aula? Em vários momentos Freire (1996, 1992, 1982, 1980) anuncia que uma relação em sala de aula, para ser educativa, deve ser uma troca de experiências, na qual é possível buscar o que não se conhece.

O conjunto desse acervo memorístico acumulado ao longo de cada curso representa o testemunho da tentativa dos educadores de experimentar situações "inéditas viáveis", as quais emergem em avaliações positivas do relato de aula, ainda que de forma breve e sucinta, desde as primeiras narrativas. Ao final de cada curso, quando vivenciou um *continuum* das leituras das memórias de aula, o grupo consegue apreender os caminhos trilhados e o exercício da construção. Assim expressou-se uma das relatoras;

> Os alunos levam para a sala de aula saberes construídos ao longo de suas vidas, experiências adquiridas no dia a dia, as aulas simplesmente acontecem, se tornam ricas, todos se sentem à vontade para falar e não têm medo de errar. O conhecimento é construído no coletivo, na experimentação, e assim, professor e alunos vislumbram um mundo com mais bonitezas. (RENATI KILPP)

Descobertas e produtos

Desde a primeira produção oriunda do registro da memória das aulas nos cadernos da turma, foi possível perceber que essa recuperação em forma de relato, de narração, de um *continuum*, tem contribuído de maneira significativa para se construir o encadeamento de discussões, de temática, sobretudo para a descoberta dos interesses de alunos e alunas sobre a Educação de Jovens e Adultos.

Outro ponto que pode ser citado com relação à subjetividade presente no discurso indireto e livre, que alunos e alunas emprestam à narração, é o fato de que podem torná-la um espaço de liberdade intelectual, melhor dizendo, estabelecer um novo patamar de autonomia para o exercício da criação.

Ao ser sujeito da experiência o futuro educador de pessoas jovens e adultas poderá se valer da elaboração do relato de aula junto aos alunos, uma vez que o registro pode ser elaborado a partir do caderno da turma oportunizando o exercício da escrita e da leitura.

O produto de cada disciplina – seja por meio de caderno da turma, seja em formato por meio de disquetes ou em CD, que inicialmente surgiram como meros recursos didáticos, de apoio à fixação da aprendizagem – constitui hoje um rico e variado acervo disponível para futuros estudos e pesquisas.

Cadernos da turma produzidos de 1999 a 2002.

Disquetes organizados de 2002 a 2004.

CDs elaborados a partir de 2004.

"Só peço a você
Um favor se puder
Não me esqueça
Num canto qualquer..."

(Trecho da canção *O caderno*, de Toquinho e Murtinho)

Referências

BRANDÃO, C. R. *Educação popular e escola cidadã*. Petrópolis: Vozes, 2002

FREIRE, P. *Ação cultural para a liberdade: e outros escritos*. 8. ed. Rio de Janeiro: Paz e Terra, 1982.

FREIRE, P. *Cartas a Cristina: reflexões sobre minha vide minha práxis*. Paulo Freire; direção, organização e notas: Ana Maria Araújo Freire. 2. ed. revisada. São Paulo: UNESP, 2003.

FREIRE, P. *Conscientização: teoria e prática de libertação: uma introdução ao pensamento de Paulo Freire*. 3. ed. São Paulo Moraes, 1980.

FREIRE, P. *Pedagogia da autonomia: saberes necessários à prática educativa*. 30. ed. São Paulo: Paz e Terra, 1996.

FREIRE, P. *Pedagogia da esperança: um encontro com a Pedagogia do Oprimido/Paulo Freire*. 13. ed. Rio de Janeiro: Paz e Terra, 1992.

PETITAT, A. *Itinerário de leitura de um sociólogo da educação, de um mito ao outro*. Porto Alegre: Teoria & Educação, 1991.

SARLO, B. *Tempo passado: cultura da memória e guinada subjetiva*. Tradução de Rosa Freire d'Aguiar. São Paulo: Companhia das Letras; Belo Horizonte: UFMG, 2007.

SOARES, L. J. G. (Org). *Formação de educadores de jovens e adultos*. Belo Horizonte: Autêntica/SECAD-MEC/UNESCO, 2006.

SOARES, L. Do direito à educação á formação do educador de jovens e adultos. In: *Diálogos na Educação de Jovens e Adultos*. Belo Horizonte: Autentica; 2005.

SOARES, M. *Metamemórias – memórias: travessia de uma educadora*. São Paulo: Cortez, 2001.

Depoimento I
Alfabetização e cultura escrita: sobre aprendendo a comprar peixe

Timothy D. Ireland

> Quando aceitei aprender a ler e escrever, encarei a alfabetização como quem compra um peixe que tem espinha. Tirei as espinhas e escolhi o que eu queria.
>
> AILTON KRENAK

Escrever sobre alfabetização ou alfabetizações sempre constitui um desafio. E escrever um texto que enfoca, de um ângulo diferente, o processo de alfabetização em sua relação com a cultura escrita e a não escrita é mais desafiante ainda. É relativamente fácil reafirmar o que já virou senso comum, mas, ao mesmo tempo, às vezes é necessário explicitar a nossa leitura do senso comum, utilizando-a como ponto de partida e alicerce para edificar a reflexão que pretendemos desenvolver.

Há uma tendência de pensar em alfabetização como se essa antecedesse o processo de educação ou como se fosse um processo separado. Primeiro se alfabetiza e depois se educa. É verdade que a alfabetização é parte do processo de educação, mas nada impede que uma pessoa que não seja alfabetizada não possa aprender e se educar. Como parte do processo educativo, a alfabetização constitui um direito fundamental da pessoa. A aprendizagem é uma necessidade básica humana, tanto individual – não conseguiríamos sobreviver sem aprender, e aprendizagem é um processo que exige um esforço individual – quanto social – somos seres sociais e para viver em sociedade precisamos aprender como viver juntos. À medida que as sociedades foram se tornando mais complexas e se sofisticando, surgiu a necessidade de organizar e sistematizar os processos "naturais" de aprendizagem. Ao longo do tempo, a necessidade humana de aprender foi reconhecida e conservada em lei como um direito subjetivo de todos os seres humanos. Assim, aprender a ler e a escrever é um direito, mas isso não implica que a pessoa que não sabe ler nem escrever não possa aprender e se educar e tampouco que seja menos ser humano por não ser alfabetizado. Porém, num mundo crescentemente globalizado, em que o acesso a informações, conhecimento e cultura acumulada é cada vez mais determinado pelo domínio da leitura e da escrita, a alfabetização se tornou um processo necessário para acessar a cultura escrita.

Nessa curta reflexão, pretendo tratar especificamente da alfabetização de jovens e adultos, embora reconheça e advogue pela necessidade de entender o processo de alfabetização como um fenômeno intergeracional e como um contínuo que independe de idade. Entendo, porém, que o processo de alfabetização de jovens e adultos possui especificidades que exigem um tratamento específico em razão das características dos sujeitos envolvidos. Não há nada mais senso comum, e nem por isso menos importante, que reconhecer a influência que o grau de escolaridade dos pais tem sobre a escolarização dos filhos. Mas não há que se cair na cilada de achar que pais que não sabem ler e escrever não possuem condições para educar seus filhos.

Nas últimas décadas, o conceito de alfabetização – alfabetização como técnica e alfabetização como processo, em que talvez se confunde o processo técnico com o processo de aprendizagem que, sim, dura a vida toda – vem se ampliando e complexificando. Falamos em alfabetização cidadã, em alfabetização política, ecológica, tecnológica, ambiental e digital, e a compreensão do processo de alfabetização ampliou-se de tal forma que quase perdeu seu significado – ou ganhou diversos novos significados. Um processo parecido tem acontecido com o próprio conceito de Educação de Jovens e Adultos, que na Declaração de Hamburgo acumulou tantas dimensões e obrigações que quase perdeu a sua especificidade – ou ganhou uma nova especificidade ampliada. Esse processo tem recebido tratamentos diversos. Num extremo, o que eu chamo de "primeira dama-ização" da alfabetização (o ato de deixar as ações de alfabetização a cargo das primeiras-damas dos governos), e, assim, reduzir o processo de alfabetização a um ato de caridade ou de filantropia generosamente concedido aos pobres. No outro extremo, há uma tendência de se eternizar o processo de alfabetizar e considerar que a vida toda é uma viagem alfabetizadora. No entanto, em qualquer dos casos, o conceito de analfabetismo mantém a sua carga negativa. O analfabetismo sempre aponta para a falta de alguma capacidade que inferioriza a pessoa.

Quando falamos e escrevemos sobre alfabetização, existe certo consenso sobre a importância da contextualização do processo de alfabetizar. Processos de alfabetização que se dão com distintos grupos de pessoas em espaços geográficos, culturais, linguísticos, religiosos, étnicos e socioeconômicos diversos precisam se adequar e interagir com as especificidades do contexto no qual estão inseridos.

Ao refletir sobre alfabetização e cultura escrita considero coerente e necessário explicar brevemente de onde eu escrevo – qual a minha experiência no campo da alfabetização e educação continuada de jovens e adultos, o que me faz pensar da maneira que penso. Ao longo das últimas três décadas tive o privilégio de atuar em várias instâncias e funções do processo de alfabetização, principalmente, mas não exclusivamente, no Brasil. Como jovem assistente social e educador na cidade de Leicester (Inglaterra), minha primeira experiência como alfabetizador se deu na comunidade de imigrantes asiáticos e outros jovens e adultos com deficiência auditiva profunda. A ausência de estruturas linguísticas padrões, especialmente no caso dos jovens asiáticos, me apresentou desafios que foram além dos processos "normais" de alfabetização e para os quais não possuía respostas. Posteriormente, já no Brasil, como professor universitário num programa de pós-graduação em Educação de Jovens e Adultos, meu envolvimento se deu nos campos tanto acadêmico e investigativo como prático. Aproveito aqui para reafirmar uma convicção que tenho: a relação teoria-prática nesse campo é crucial.

Em 1990, motivado pelo Ano Internacional da Alfabetização e por mais um plano nacional – que terminou em quase nada –, um grupo de professores universitários, junto com a diretoria do sindicato local de trabalhadores da construção civil, criou um projeto de extensão universitária de alfabetização e educação básica para os operários daquela indústria na cidade de João Pessoa, estado da Paraíba, como um espaço em que a teoria e a prática teriam que, obrigatoriamente, interagir. O projeto se institucionalizou e continua, ainda hoje, oferecendo programas específicos para o operário da construção, formação inicial e continuada para os estudantes universitários como professores alfabetizadores e um espaço para pesquisa e estudos.

No final da década de 1990, no bojo da V Conferência Internacional de Educação de Adultos (CONFINTEA), participei da fundação do Fórum de Educação de Jovens e Adultos do Estado da Paraíba. O movimento dos fóruns no Brasil tem constituído um importante espaço para o debate em torno das políticas (ou ausência de políticas) de Educação de Jovens e Adultos envolvendo os diversos atores e segmentos que atuam nesse campo. Os fóruns definem-se como espaços democráticos, plurais e independentes, de resistência da sociedade civil organizada para a articulação e socialização de informações e experiências.

Depoimento I - Alfabetização e cultura escrita: sobre aprendendo a comprar peixe

Por último, fui responsável, durante três anos e meio, por um Departamento Nacional de Educação de Jovens e Adultos incumbido de elaborar e implementar a política do governo federal para a área e por um programa nacional de alfabetização, que se estruturou com base numa rede complexa de parcerias com organizações governamentais e não governamentais. Assim, essas são algumas das experiências que me permitiram olhares diferentes – do alfabetizador, do formador, do investigador e do gestor – sobre esse processo multidimensional que chamamos de alfabetização.

Às vezes, o engajamento e a proximidade nos tornam mais impermeáveis a novos olhares sobre o processo de alfabetização. Precisamos conseguir nos distanciar para poder "estranhar" novamente o significado do processo. Para tentar esse distanciamento e estranhamento, e para ajudar a nos lembrar o óbvio – que a alfabetização não constitui um mundo à parte, mas integra o processo de aprendizagem e educação, embora com especificidades –, vou relatar quatro experiências que têm me ajudado a refletir sobre o que o ser ou o não ser alfabetizado pode representar para outras pessoas e, por extensão, a relação entre alfabetização e cultura (escrita).

O primeiro caso se refere à experiência de ser "estrangeiro", de morar e trabalhar num país em que não nasceu. O estrangeiro, por mais que se aculture, sempre mantém vestígios da cultura do seu país de origem. Por melhor que domine a língua, frequentemente mantém o sotaque de sua fala nativa. Pode até chegar a cometer algum pequeno deslize na língua (a troca de sexo para quem é de língua anglo-saxônica sendo o mais perigoso). Ao começar a falar, sabe que pode ser sujeito de algum sinal de preconceito ou comentário maldoso. Da mesma forma, em muitas conversas com pessoas que não sabem ler e escrever, ouvi seus relatos sobre o receio de se expressar em público por medo de ser discriminado ou não entendido ou ridicularizado ("Quando a gente vai falar uma coisa a pessoa não entende do jeito que a gente fala, porque às vezes a gente fala de um jeito, quem sabe ler fala de outro jeito"). O preconceito contra o analfabetismo é tão forte que uma pessoa pode expressar ideias profundas ou extremamente sensíveis, mas, se comete algum erro gramatical mais grave ou comunica-se em uma variante linguístico desprestigiada, tudo o que foi falado será ignorado. É como se fosse impossível para um analfabeto expressar ideias sensatas e inteligentes.

A segunda situação que gostaria de relatar diz respeito a uma experiência recente de tirar documentos formais – carteira de identidade e passaporte. Por mais que se tente convencer de que todo mundo passa pela mesma experiência de ter que sujar os dedos de tinta para que as impressões digitais sejam colhidas, o ato é percebido e sentido como uma experiência humilhante e, por vezes, até dolorosa. Será que os sentimentos são tão fortes por serem associados com o que uma pessoa que não sabe ler e escrever passa a cada vez que vai "assinar" seu nome? A contribuição da carga negativa contida nesse ato não pode ser subestimada quando falamos do sentimento de inferioridade e de identidade deteriorada com que o analfabetismo impregna as pessoas cujos direitos a sociedade continua a burlar.

Para quem não lembra mais de quando aprendeu a ler e a escrever e toma o seu domínio da leitura e escrita como algo completamente normal, viajar para países distantes de línguas e culturas distintas pode ser uma experiência salutar. Recentemente, participei de um diálogo internacional (falamos bastante, mas será que chegamos ao diálogo?) na cidade de Changwon, na Coreia do Sul. Após uma viagem aparentemente sem fim, não poder se comunicar (pelo menos oralmente) e não conseguir ler nenhum nome de rua, placa de propaganda, sinal de tráfico ou cardápio de restaurante foi uma experiência benéfica. Claro que estamos falando em analogias, porém entender, mesmo que durante alguns dias, o que significa não poder acessar a cultura escrita e o sentido de isolamento e de vulnerabilidade que isso cria nos faz enfrentar essa relação entre alfabetização e cultura escrita com mais sensibilidade.

Por último, queria tomar emprestadas as palavras de Ailton Krenak, líder indígena da etnia Krenak ou Borun, uma pequena tribo de 204 índios e uma das mais de 200 tribos brasileiras ainda existentes com as suas mais de 180 línguas. O Krenak descreveu da seguinte forma essa relação entre o processo educacional indígena e a sua decisão de enfrentar o processo de alfabetização na língua portuguesa:

> Quando aceitei aprender a ler e escrever, encarei a alfabetização como quem compra um peixe que tem espinha. Tirei as espinhas e escolhi o que eu queria. Na nossa tradição, um menino bebe o conhecimento do seu povo nas práticas de convivência, nos cantos, nas narrativas. Os cantos narram a criação do mundo, sua fundação e seus eventos. Então, a criança está ali crescendo, aprendendo os cantos e ouvindo as narrativas. Quando ela cresce mais um pouquinho, quando já está aproximadamente com seis ou oito anos, aí então ela é separada para um processo de formação especial, orientado, em que os velhos, os guerreiros, vão iniciar essa criança na tradição. Para mim e para meu povo, ler e escrever é uma técnica, da mesma maneira que alguém pode aprender a dirigir um carro ou a operar uma máquina. Então a gente opera essas coisas, mas nós damos a elas a exata dimensão que têm. Escrever e ler, para mim, não é uma virtude maior do que andar, nadar, subir em árvores, correr, caçar, fazer um balaio, um arco, uma flecha ou uma canoa.

A sua fala nos alerta para os perigos de uma alfabetização que não é nem culturalmente sensível e contextualizada nem respeita a primazia de aprender a ler e a escrever na língua materna. Alfabetização pode abrir novas portas e, nesse sentido, pode alargar a nossa liberdade. Mas também pode contribuir para cortar as raízes culturais e linguísticas sem necessariamente oferecer alternativas realistas.

A relação entre o processo de alfabetização e liberdade que tem marcado os debates sobre o tema nos últimos 50 anos volta a ser recolocada na forma em que o Krenak descreve a sua decisão de "aceitar" aprender a ler e escrever. Amartya Sen defende e propugna um tipo de liberdade que permite ao indivíduo seguir a forma de vida que ele possui motivos e razões para valorizar. Ele expressa muito lucidamente o tipo de vida que ele e o seu povo valorizam. É por isso que se defende a necessidade dos processos de alfabetização de valorizar a diversidade humana, reconhecendo e tratando os diferentes de formas diferentes. É nesse sentido que precisamos empregar a forma plural do substantivo "alfabetização". Os processos de alfabetização precisam ser contextualmente sensíveis, contrariamente ao que a estratégia mais frequentemente empregada – a campanha de massa – permite. Não é somente a alfabetização que busca negar ou camuflar as diferenças – a tendência da maioria dos processos formais de educação é homogeneizar a forma de atender às necessidades de aprendizagem dos alunos, sejam eles crianças, adolescentes, jovens, adultos ou idosos –, mas talvez esse tratamento dado à alfabetização seja o mais crítico. É o momento em que o jovem ou adulto busca, pelos mais diversos motivos, iniciar ou retomar o processo de escolarização que a alfabetização representa. É talvez por esse motivo que a capacidade de o processo de alfabetização responder aos diferentes contextos sociais, culturais, ambientais, linguísticos e religiosos é absolutamente crítica.

O jovem ou adulto que vem de um contexto social que desvaloriza e inferioriza a sua experiência, seu conhecimento acumulado e sua cultura traz consigo expectativas que o processo de aprendizagem frequentemente frustra. Existe certa inversão na compreensão da finalidade do processo de alfabetização para muitos dirigentes – para eles a questão é o que a alfabetização pode fazer para o analfabeto, e não o que as pessoas em processos de alfabetização fazem com a nova aquisição, individual e coletivamente. Como as pessoas utilizam as novas aprendizagens na prática da sua vida cotidiana? Quais as utilidades práticas de saber ler e escrever? Em que medida o novo conhecimento pode também contribuir para a construção de uma forma de desenvolvimento local sustentável? O conceito da alfabetização como prática social tem sido amplamente aceito, mas claramente implica uma relação dialética entre o social e o individual. Em muitas práticas contemporâneas, há uma tendência de supervalorizar o social e minimizar o esforço individual que qualquer processo de aprendizagem implica. O coletivo ou grupo pode criar um ambiente favorável à aprendizagem, mas o processo não acontece sem a dedicação de cada membro do coletivo.

Na maioria das sociedades ocidentais, a norma social é saber ler e escrever. Quem não sabe – o analfabeto – apresenta algum tipo de desvio de comportamento ou sofre de um defeito de produção. Uma injustiça social, que contraria as convenções internacionais fundamentais – a Declaração Universal de Direitos Humanos de 1948 e o Pacto Internacional sobre Direitos Econômicos, Sociais e Culturais de 1966 –, para as quais a educação é considerada direito inalienável de todo cidadão independentemente de idade, é convertida em incompetência ou fracasso individual. A culpa por não saber ler nem escrever é individual, e não social. Assim voltamos ao Krenak, para quem o alfabetizar-se é como tirar as espinhas e escolher o que fazer com o peixe comprado. Ao que acrescentamos que o peixe comprado pode permitir acesso a novas formas de pescar, criar peixes ou a novas receitas de como cozinhar o peixe adquirido. O mais importante da alfabetização não é o ler e escrever em si, mas a sua natureza instrumental para garantir outros direitos fundamentais e como e que uso se faz dessas ferramentas no sentido individual e coletivo.

Depoimento II
Uma experiência e muitas descobertas

Marta Maria Araújo

Neste texto estão registradas as experiências vivenciadas em 2004 na implantação do projeto SESC LER no município de Itapipoca. Sou coordenadora do projeto no estado do Ceará e acredito que este relato contribui para educação seja percebida como uma construção realizada pela inter-relação entre educador e educando, num processo cheio de vínculos, mediações e entrelaçamento de ideias e saberes.

As amplas parcerias com os mais diversos segmentos da sociedade contribuíram como indicador para os resultados deste projeto. Foi através dele que muitos jovens, adultos e idosos deram passos significativos rompendo fronteiras: do medo de não saber, do desconhecido, da fragilidade do ser, e, por meio das experiências vividas, passaram a acreditar em si e no outro, reconhecendo o seu potencial humano.

Acredito que este texto poderá contribuir com os alfabetizadores e as alfabetizadoras que se comprometem na incansável tarefa de ensinar e aprender, buscando trilhar novos caminhos.

Sei que a alfabetização de jovens e adultos, como qualquer outro ato educativo, deve ser concebida e realizada num movimento indissociável de ação e reflexão. Isso porque o trabalho educativo não é qualquer ação, qualquer prática, mas uma prática intencional que precisa ser constantemente analisada em função dos fins e dos valores propostos para assegurar que o homem se torne cada vez mais humano, não só diante de si mesmo, mas também na relação com os outros homens, tomando como referência o contexto histórico-social em que está inserido. Essa relação entre os sujeitos é inerente à realização do trabalho educativo que tem como fim último contribuir para a humanização do homem. Como uma prática social, a educação deve produzir e socializar conhecimento que propicie aos alunos jovens e adultos não escolarizados participar ativamente da sociedade como sujeitos, exercendo a sua cidadania. Nessa compreensão, toda educação é um ato político, pois são embutidos nela atitudes, valores e ideias que, explícita ou implicitamente, indicam uma tomada de posição diante do tipo de sociedade que se pretende manter ou construir.

O projeto SESC LER, uma iniciativa do Departamento Nacional, surgiu em 2001, no estado do Ceará, com a finalidade de implementar um processo educativo integrado para jovens e adultos não escolarizados, respeitando a diversidade local. Inspirados por essa finalidade, contornamos as terras cearenses adentrando em suas serras, nos sertões e no litoral. Através dessa iniciativa, começou um processo de mobilização social desenvolvido inicialmente nos municípios de São Gonçalo do Amarante, Ibiapina, Crateús, Aracati e Quixeramobim.

Em virtude de seus resultados positivos, o SESC foi procurado por vários representantes da sociedade civil para abertura de novas turmas de alfabetização, entre eles a colônia dos pescadores no município de Itapipoca, região onde funciona a Cooperativa de Pesca Artesanal da Praia da Baleia (COPABA), da qual participam pescadores, mulheres rendeiras e algueiras (marisqueiras), integrantes da Colônia de Pescadores da Baleia Z-03.

Os pescadores foram incentivados pela Legislação Marinha da Capitania dos Portos que passou a exigir habilitação oficial de pescador para serem autorizados a pescar em qualquer tipo de embarcação, livre do risco de multas ou apreensão de sua embarcação. Além do fato de que, uma vez habilitado, o pescador torna-se segurado do INSS. A própria Capitania dos Portos oferece o curso de habilitação aos pescadores, porém, para frequentá-lo, os alunos que têm que ter concluído o primeiro segmento do primeiro ao quinto ano do Ensino Fundamental.

Um outro motivo para buscar a alfabetização oferecida pelo SESC LER foi a informação pelo Instituto Brasileiro do Meio Ambiente e dos Recursos Naturais Renováveis (Ibama) acerca de um projeto de melhoria do cultivo das algas – pois a atividade, como vinha sendo desenvolvida, por meio do extrativismo, resultava em prejuízos, com destruição do banco de algas. Das praias, as comunidades recolhem as algas para a produção de sabonetes, hidratantes, xampus e condicionadores que são comercializados na comunidade e no município de Itapipoca. Essas algas também são vendidas para as grandes indústrias.

A partir daí, teve início na comunidade da Praia da Baleia uma ampla divulgação do projeto. A primeira iniciativa de mobilização foi em uma reunião ocorrida na Colônia dos Pescadores na qual foram discutidas as questões gerais do projeto e a operacionalização do trabalho nas comunidades e bases da parceria que precisavam ser fortes para o trabalho dar certo. As demandas eram grandes, e os parceiros, os mais diversos. Foi então providenciada a contratação de um orientador pedagógico e de professores, priorizando os da própria comunidade, como forma de valorização dos profissionais locais.

Através de visitas domiciliares, os pescadores foram regularmente matriculados no projeto, e, em setembro de 2004, foi realizada a aula inaugural. A partir de então, foram iniciadas mais nove salas de aula.

Os frutos do trabalho podem ser expressos através dos relatos de seus alunos:

> Ter aprendido a escrever o meu nome me deixa muito feliz. Quando criança trabalhava em roça, a caneta era o cabo da enxada, só aprendi a arrastar cobra para os pés. E hoje me sinto outra pessoa, já sei fazer o meu nome e tenho orgulho de dizer que sou aluna onde chego. (E. B. R. – Comunidade Maceió).

Entendemos que é possível intervir para mudar uma realidade, por meio de uma unidade de objetivos que prioriza o ato de criar, acreditando nas potencialidades e nos resultados da construção coletiva.

Inicialmente foram atendidos 320 educandos, em sua maioria no processo de alfabetização. Eram pescadores, marisqueiras, rendeiras, trabalhadores autônomos, donas de casa e agricultores que nunca tiveram acesso aos estudos e/ou por algum motivo não tiveram oportunidade de frequentar a escola quando crianças.

O motivo inicial para o ingresso dessas pessoas no processo de alfabetização foi o desejo de aprenderem a assinar o próprio nome e uma perspectiva de melhoria de sua qualidade de vida com a possibilidade de conseguir a habilitação de pescador. Percebo, porém, que o que os alunos conseguiram foi além desse desejo inicial.

Desde que foi implantado na região praiana, o projeto trouxe benefícios para a população que atende, ao contar primeiramente com a inserção na cultura letrada, o aprimoramento das aprendizagens, o aumento da autoestima, a autocriticidade e o próprio dinamismo da vivência cotidiana, com uma maior participação cidadã. Foi na sala de aula que os alunos, acostumados com os desafios do mar, enfrentaram mais um, o de aprender a ler e a escrever.

O processo pedagógico é concebido como interação verbal social, que dá voz e vez à fala dos alunos, e compreendido como ponto de partida para possíveis mudanças na realidade social, histórica, econômica e política.

Conforme explicitada na Proposta Pedagógica do projeto, a intenção é que o ingresso dos jovens e adultos no mundo da leitura e da escrita contribua para o aprimoramento de sua formação como cidadãos, como sujeitos de sua própria história e da história de seu tempo, desenvolvendo valores, conhecimentos e habilidades que ajudam os alunos a compreenderem criticamente a realidade em que vivem e nela se inserirem de forma mais consciente e participativa.

Esse processo de aprendizagem tem como proposta propiciar o acesso a informações relativas às suas vivências imediatas, estimulando o interesse dos alunos por abordagens mais abrangentes sobre a realidade e oferecendo oportunidades de acesso ao patrimônio artístico e cultural.

A comunidade da Praia da Baleia convive com a natureza desfrutando dos benefícios por ela oferecidos. A paisagem é bastante diversificada, os recursos naturais estão ali, em contato direto com eles: praias, dunas, rios, lagoas.

As praias são locais de lazer, principalmente para as crianças, e também servem para ancorar os barcos. Com a participação no projeto, os alunos pescadores aprenderam também sobre preservação do meio ambiente, e esses locais passaram a ser preservados por eles e pela comunidade para a qual os alunos divulgam as informações adquiridas em sala de aula, como a importância dos cuidados ambientais, a importância de não jogar lixo e nem deixar animais soltos, a fim de não contaminar a areia e não poluir as águas.

A troca de documentos de identidade é um aspecto que marca o projeto SESC LER, por ser o momento de registrar oficialmente a assinatura do nome e abandonar a marca da impressão digital, que não é só uma imagem, mas uma marca que estigmatiza socialmente aqueles que dela se utilizam. Além do valor de reconhecimento que tal documento tem para os alunos, esse e os demais lhes são úteis na obtenção de emprego, oportunidades de continuidade nos estudos e, no caso dos pescadores, a participação no curso oferecido pela Legislação Marinha da Capitania dos Portos para a obtenção da carteira de habilitação de pescador. As mudanças de vida vão sendo evidenciadas, o que causa satisfação para os educandos e os educadores.

Depois de três anos no projeto, os alunos que concluem o primeiro segmento são encaminhados para as escolas municipais que possuem o nível de escolaridade necessário a cada um, com toda certificação exigida pelas Coordenadorias Regionais de Desenvolvimento da Educação (CREDE). Nas localidades em que não existe escola próxima à comunidade, organizamos, em parceria com o Centro de Educação de Jovens e Adultos (CEJA), salas de aula com o segundo segmento de EJA, que trabalha com módulos de 5ª a 8ª série, referente ao Ensino Fundamental II.

O acesso dos professores a algumas dessas comunidades era muito precário, pois as estradas de areia dificultavam a passagem de veículos, porém a parceria firmada entre o SESC, a Secretaria de Educação do município e a prefeitura possibilitou a melhoria das estradas e o acesso de ônibus que hoje transportam os professores e alunos até as salas de aula.

A frequência é muito boa, as salas ficam próximas de suas residências, e, somando-se a isso, há educadores que, incansavelmente, procuram os discentes em seus domicílios para conversarem quando estes, por um motivo ou por outro, se ausentam da sala de aula, o que torna prazeroso o convívio entre eles e mostra aos alunos a importância da sua presença na sala de aula. Os estudantes são tratados como cidadãos, que interagem e atuam como seres capazes de realizar atividades, podendo questionar o preconceito de serem pessoas incapazes e improdutivas. Dessa forma, sentindo-se valorizados e atuantes, eles fazem da escola um espaço de muito significado para suas vidas.

Muitos dos alunos formados no projeto estão conseguindo emprego ou prestando concursos com sucesso. A inclusão no mercado de trabalho é um dos resultados do trabalho desenvolvido no âmbito das salas de aula.

Através dessa ação alfabetizadora desenvolvida pelo SESC, percebe-se pela própria valorização dos alunos, o aumento de sua autoestima. Tem havido mudança em seus relacionamentos, tanto consigo mesmos quanto na sala de aula e na família. Os alunos reconhecem que a sala de aula muda suas vidas, contam que antes eram dependentes de outras pessoas, pois necessitavam de sua ajuda para decifrar informações escritas em bulas de remédios, cartas, placas, nome de ônibus, entre outros. Com estudo e dedicação foram conseguindo identificar palavras e, assim, aprendendo a ler; para muitos o grande sonho é aprender a ler a Bíblia, e quando eles conseguem, deixam emocionados os que os ouvem. A dedicação dos alunos para com os professores é visível, pois reconhecem que este profissional os ajudou nesse processo de aprendizagem.

Por parte dos professores, o planejamento das aulas é elaborado a partir das necessidades dos alunos, considerando o contexto no qual estes estão inseridos. Pensando acerca das características desses jovens e adultos, especificamente o caso dos pescadores, que necessitam se ausentar da sala de aula por ocasião da pescaria, os professores planejam dependendo da realidade do aluno e respeitando a disponibilidade de cada um. Na época da pesca, os homens passam até dois meses no mar, e, no caso da pesca da lagosta, apenas uma semana. Os alunos dizem que é muito "puxado" para eles, mas, quando estão em casa, procuram aproveitar ao máximo o tempo disponível para estudar e se divertir.

O estudo de aspectos da cultura local trouxe a possibilidade de resgate e de valorização da cultura, muitas vezes por desconhecimento, ou do esquecimento de suas próprias raízes culturais, como por exemplo, as festas juninas, manifestação cultural que já não fazia mais parte da vivência das comunidades.

Convivendo com essa realidade, os professores desenvolvem projetos como, por exemplo, o "Arraiá" de São João, que culminou com uma grande festa junina, realizada na Praia da Baleia, na qual todas as turmas foram reunidas.

A reunião de todos os alunos só foi possível porque eles se organizaram e conseguiram os carros para transportá-los até o local do evento. Essa organização fez parte do projeto e proporcionou aprendizagens de matemática, leitura, escrita e geografia local.

O projeto representa um caminho para o exercício da cidadania. Isso tem contribuído para motivá-los às aulas. À medida que vão participando, criam dentro de si sentimentos de solidariedade, de pertencimento, de comunidade e, com isso, sentem o desejo de cooperar para o desenvolvimento local. Esses sentimentos são cada vez mais expressados, como mostram os depoimentos a seguir:

> Já tinha estudado outras vezes, mas nunca chegava a estudar um ano, porque sempre desisti, por falta de motivação e incentivo, a professora foi fazer minha matrícula em minha casa, está sempre nos visitando e incentiva os alunos para que ninguém desista. (A. V. B. – Comunidade Maceió).
>
> Antes passava por frente da sala, tinha vontade de conhecer, mas tinha vergonha de entrar, porque não conhecia ninguém. Hoje, é uma satisfação estar na sala de aula, fico muito feliz, pois sou bem tratada por todos. (E. V. N. – Comunidade Humaitá).
>
> Estou muito feliz, por estar estudando. Tenho que agradecer a minha professora por tudo que faz pelos alunos e pela paciência, dedicação, amor e respeito e aos colegas que nos ajudam apoiando uns aos outros. (F. F. S. – Comunidade Maceió).
>
> Agradeço pela oportunidade que estamos tendo, pois antes as pessoas não tinham, como nossos pais, avós e tios que antes tudo era muito mais difícil. (A. A. H. – Comunidade Praia da Baleia).

Todos nós estamos de parabéns, pois mesmo depois de um longo e cansativo dia de trabalho ainda temos força e disposição para irmos todos os dias para a escola. (J. J. B. N. – Comunidade Serra do Quandu).

Atualmente estamos atuando em dez comunidades do município de Itapipoca. O trabalho desenvolvido tem sido conduzido de forma sistemática e comprometida em prol da cidadania. Um dos maiores êxitos foi, com o término da escolarização no nível do primeiro segmento, levar a Prefeitura a abrir uma turma de segundo segmento do Ensino Fundamental para dar continuidade aos estudos dos alunos. Foi uma iniciativa das próprias turmas a solicitação à Secretaria de Educação, ou seja, um desejo de alcançar novos horizontes.

As ações de acompanhamento e avaliação das atividades pedagógicas têm se transformado em um processo de formação continuada, trazendo impactos pedagógicos para a educação do município. A partir dessas ações, sistemáticas no projeto, foi criado um vínculo entre os educadores do município e os do projeto, através de parceria firmada com a Secretaria de Educação visando à formação dos educadores, ao acompanhamento e à avaliação dos processos e resultados, à socialização do conhecimento e das experiências.

Os professores do município participam de reuniões mensais para estudo e aprofundamento das questões inerentes à Educação de Jovens e Adultos, tendo em vista que no município de Itapipoca também há turmas de Educação de Jovens e Adultos.

Assim, o projeto SESC LER vem se fortalecendo entre os alunos e alunas, lendo e relendo realidades tão diversas e específicas na comunidade da Praia da Baleia e em outras comunidades de Itapipoca. Foi, no trajeto, abrindo os horizontes dos participantes, os quais, enchendo-se de ousadia, alçaram voos, cada vez mais altos, que os levaram a ricas descobertas.

Os autores

CLÁUDIA LEMOS VÓVIO

Pedagoga pela Pontifícia Universidade Católica de São Paulo (PUC-SP). Mestre em Educação, pela Faculdade de Educação da Universidade de São Paulo (FEUSP), Doutora em Linguística Aplicada, no Instituto de Estudos da Linguagem, Universidade de Campinas (IEL - Unicamp). Professora doutora da Universidade Federal de São Paulo no curso de Pedagogia. Sua pesquisa integra o projeto temático Letramento do Professor sob orientação da Profa. Dra. Angela Kleiman e focaliza as trajetórias e práticas de ensino de leitura de educadores(as) de pessoas jovens e adultas. É assessora do Programa de Educação de Jovens e Adultos da ONG Ação Educativa, onde desenvolve atividades de formação, assessoria e elaboração de subsídios pedagógicos para educadores e estudantes da EJA. Publicou materiais didáticos e artigos nas áreas de desenvolvimento, letramento e alfabetização de jovens e adultos e formação de educadores. E-mail: clvovio@uol.com.br.

DOMINGOS NOBRE

Pedagogo, pós-graduado em Alfabetização pela Pontifícia Universidade Católica de Minas Gerais (PUC Minas), mestre e doutor em Educação pela Universidade Federal Fluminense (UFF). Professor adjunto da Faculdade de Formação de Professores da Universidade do Estado do Rio de Janeiro (UERJ) – São Gonçalo e da Universidade Estácio de Sá. Atua no campo da Educação Popular e da EJA, tendo coordenado o "Programa Educação e Cidadania" do Centro de Ação Comunitária (CEDAC). Foi assessor pedagógico do Departamento Nacional do SESC, de diversas secretarias municipais e atualmente atua no Departamento Nacional do SESI, em EJA. Assessor pedagógico em Educação Escolar Indígena em alguns projetos no Brasil e pesquisador, acompanhando há 12 anos a comunidade indígena guarani da Aldeia Sapukai, em Angra dos Reis, no Rio de Janeiro.

FERNANDA RODRIGUES SILVA

Pedagoga pela Faculdade de Filosofia Ciências e Letras de Macaé (RJ), especialista em Psicologia da Educação, com ênfase em psicologia preventiva pela Pontifícia Universidade Católica de Minas Gerais (PUC Minas) e mestranda em Educação pela Universidade Federal de Minas

Gerais. Atuou como professora substituta na Universidade Federal de Ouro Preto (UFOP), onde coordena o Programa de Educação de Jovens e Adultos. É membro da Secretaria Executiva do Fórum dos Inconfidentes, com sede em Mariana (MG) e do Fórum Mineiro de Educação de Jovens e Adultos, com sede em Belo Horizonte.

JANE PAIVA

Graduada em Pedagogia e em Ciências Biológicas, mestre e doutora em Educação pela Universidade Federal Fluminense (UFF). É colaboradora do Ministério da Educação e do Ministério da Cultura (FBN/PROLER) e professora adjunta da Faculdade de Educação da Universidade do Estado do Rio de Janeiro (UERJ). Tem experiência na área de Educação, com ênfase em Educação de Adultos, atuando principalmente nos seguintes temas de pesquisa: Educação de Jovens e Adultos, alfabetização, formação de professores, leitura e escrita e formação continuada.

KELMA ARAUJO SOEIRO

Graduada em Pedagogia pela Universidade Federal do Pará (UFPA), com habilitação em Administração e Supervisão Escolar. Pós-graduada em Metodologia do Ensino Superior pelo Instituto Brasileiro de Pós-Graduação e Extensão (IBPEX) e pós-graduanda em Gestão de Organizações Sociais. Foi chefe do Setor de Educação do Serviço Social do Comércio (SESC) do Amapá e uma das fundadoras do Fórum Amapaense da Educação de Jovens e Adultos. Atualmente é coordenadora estadual do SESC LER no Amapá.

KÉZIA CORTEZ

Licenciada em Pedagogia e mestre em Educação – área de Educação de Jovens e Adultos – pela Universidade Federal da Paraíba (UFPB). Atualmente é coordenadora estadual do Projeto SESC LER na Paraíba e já atuou como professora do Projeto Zé Peão.

LEÔNCIO SOARES

Graduado em Letras pela Universidade Federal de Minas Gerais (UFMG), mestre em Educação pela mesma instituição, doutor em Educação pela Universidade de São Paulo (USP) e pós-doutor em Educação pela Universidade Federal Fluminense (UFF). Atualmente é professor associado da UFMG e pesquisador do CNPq na área de Educação, com ênfase em Educação de Jovens e Adultos, com atuação principalmente nas seguintes temáticas: politica educacional, formação docente, alfabetização de jovens e adultos e história da educação. Tem publicado livros e artigos na área de EJA.

MARISA NARCIZO SAMPAIO

Pedagoga e mestre em Educação pela Universidade Federal do Rio de Janeiro (UFRJ), doutora em Educação pela Universidade Federal Fluminense (UFF). É professora adjunta do Departamento de Educação da Universidade Federal do Rio Grande do Norte (UFRN). Tem organizado e atuado em diversas ações de formação continuada de professores de Educação de Jovens e Adultos em vários Estados do Brasil. Possui livros e diversos artigos publicados na área de formação de professores. E-mail: marisamns@gmail.com.

MARTA LIMA DE SOUZA

Pedagoga pela Universidade do Estado do Rio de Janeiro (UERJ), especialista em Educação de Jovens e Adultos pela Universidade Federal Fluminense (UFF), mestre e doutora em Educação pela mesma instituição. Coordenadora Nacional de Educação de Jovens e Adultos e assessora técnica do Serviço Social do Comércio – SESC/ Administração Nacional.

MARTA MARIA ARAÚJO

Pedagoga e especialista em Psicopedagogia Clínica e Institucional pela Universidade Estadual Vale do Acaraú e em Coordenação Pedagógica pela FA 7, Universidade 7 de Setembro. Atua na Coordenação Estadual de um projeto de alfabetização e escolarização de jovens e adultos. Tem organizado e atuado em diversas ações de formação continuada de professores de EJA em vários municípios do Ceará. Membro da coordenação do Fórum Estadual de Educação de Jovens e Adultos e da Sociedade Civil e Encontro Nacional de Educação de Jovens e Adultos (ENEJA). Representa o Fórum Estadual no Plano Municipal de Educação de Fortaleza. E-mail: martaaraujo@sesc-ce.com.br.

ROSA MALENA CARVALHO

Graduada em Educação Física pela Universidade Federal do Rio de Janeiro (UFRJ), mestre em Educação pela Universidade Federal Fluminense (UFF) e doutora em Educação pela Universidade do Estado do Rio de Janeiro (UERJ). É professora-implementadora do Curso Normal Superior do Instituto Superior de Educação do Rio de Janeiro e integrante da equipe central do Programa de Educação de Jovens e Adultos (SME/RJ). Atua com os seguintes temas: formação de professores(as), currículo, corporeidade, novos paradigmas na formação dos professores para educação infantil e séries iniciais do ensino fundamental. E-mail: rosamalenacarvalho@hotmail.com.

Rosilene Souza Almeida

Pedagoga, mestre em Educação pela Universidade do Estado do Rio de Janeiro (UERJ), atua na coordenação nacional do Projeto SESC LER e como assessora técnica do Serviço Social do Comércio – SESC/Administração Nacional. Atuou como professora do Curso de Pós-Graduação em EJA na Universidade Estácio de Sá e realiza assessoria pedagógica a diversas Secretarias Municipais de Educação do Estado do Rio de Janeiro que desenvolvem a EJA. Atualmente trabalha com a equipe do módulo Aspectos Pedagógicos da EJA do Curso de Aperfeiçoamento a Distância em EJA na Diversidade, parceria da UFF com o Ministério da Educação. É membro do Fórum de Educação de Jovens e Adultos do Estado do Rio de Janeiro. Contato: ralmeida@sesc.com.br

Timothy D. Ireland

Após concluir graduação em Letras na Universidade de Edimburgo, passou dois anos na Espanha dando aula de inglês. Trabalhou como assistente social de pessoas com deficiência auditiva, em Leicester, Inglaterra, antes de completar o mestrado em Educação de Adultos. Em 1979, mudou-se para a região Nordeste do Brasil, onde lecionou no Programa de Pós-Graduação em Educação de Adultos na Universidade Federal da Paraíba. Terminou o Ph.D. em Educação na Universidade de Manchester, em 1988. Ao retornar à Paraíba, continuou lecionando, pesquisando e desenvolvendo atividades de extensão em alfabetização e Educação de Jovens e Adultos. Coordenou o Projeto Escola Zé Peão, destinado a operários da construção civil, em João Pessoa, durante 14 anos. Em 2004, foi nomeado Diretor Nacional de Educação de Jovens e Adultos no Ministério da Educação, em Brasília.

QUALQUER LIVRO DO NOSSO CATÁLOGO NÃO ENCONTRADO NAS
LIVRARIAS PODE SER PEDIDO POR CARTA, FAX, TELEFONE OU PELA INTERNET.

Rua Aimorés, 981, 8º andar – Funcionários
Belo Horizonte-MG – CEP 30140-071

Tel: (31) 3222 6819
Fax: (31) 3224 6087
Televendas (gratuito): 0800 2831322

vendas@autenticaeditora.com.br
www.autenticaeditora.com.br

ESTE LIVRO FOI COMPOSTO COM TIPOGRAFIA TIMES NEW ROMAN E IMPRESSO
EM PAPEL OFF SET 75 G. NA FORMATO ARTES GRÁFICAS.